JORGE SECA
STEFANIE WIMMER

1000 EXPRESSÕES PARA FALAR

ALEMÃO COMO UM NATIVO

Tradução
Sandra Dolinsky

martins fontes
selo martins

1000 EXPRESSÕES PARA FALAR ALEMÃO COMO UM NATIVO

© 2019 Martins Editora Livraria Ltda., São Paulo, para a presente edição.
© 2013 Difusión, Centro de Investigación y Publicaciones de Idiomas, S. L. Barcelona.
Esta obra foi originalmente publicada em espanhol sob o título *Das kannst du laut sagen! 1000 expresiones en alemán para hablar como un nativo*, por Difusión, Centro de Investigación y Publicaciones de Idiomas, S. L.

Publisher	Evandro Mendonça Martins Fontes
Coordenação editorial	Vanessa Faleck
Produção editorial	Carolina Cordeiro Lopes
Preparação e revisão técnica	Júlia Ciasca Brandão
Revisão	Renata Sangeon, Lucas Torrisi e Amanda Zampieri
Capa	Renata Milan
Diagramação	Renato Carbone
Redação	Sebastian Cramer Eulàlia Mata Burgarolas
Projeto gráfico	emeyele®
Ilustrações	Enric Font, salvo páginas 105, 120, 208, 244 e 245 Noe Barcina (emeyele®)

Dados Internacionais de Catalogação na Publicação (CIP)
(Andreia de Almeida CRB-8/7889)

Seca, Jorge
    1000 expressões para falar alemão como um nativo / Jorge Seca e Stefanie Wimmer ; tradução de Sandra Dolinsky ; ilustração de Enric Font e Noe Barcina. – São Paulo : Martins Fontes – selo Martins, 2019.
    288 p. : il., color.

    ISBN 978-85-8063-344-3
    Título original: Das kannst du laut sagen! : 1000 expresiones em alemán para hablar como un nativo.

    1. Língua alemã – Vocabulários, glossários, etc. 2. Língua alemã – Palavras e expressões I. Título II. Wimmer, Stefanie III. Dolinsky, Sandra IV. Font, Enric V. Barcina, Noe

18-0371   CDD-438

Índices para catálogo sistemático:
    1. Língua alemã : Palavras e expressões   438

Todos os direitos desta edição reservados à
Martins Editora Livraria Ltda.
Av. Dr. Arnaldo, 2076
01255-000 São Paulo SP Brasil
Tel.: (11) 3116 0000
info@emartinsfontes.com.br
www.emartinsfontes.com.br

SUMÁRIO

Apresentação 7

Aprender ou examinar 11
Arriscar ou não 14
Aparência física 18
Ajudar ou prejudicar 21
Gente boa, gente ruim 24
Bom ou ruim 30
Calma ou tensão 35
Quantidades 41
Características das coisas 48
Comer e beber 50
Conversação 55
Dinheiro 61
Dúvidas e perguntas 66
Empatizar 67
Começar ou acabar 70
Energia ou cansaço 77
Raiva ou saco cheio 80
Esperar ou tomar canseira 89
Estilos de vida 92
Concordar ou não 95
Expressões relativas ao tempo 100
Fácil ou difícil 108
Falar, interromper ou calar 111
Idas e vindas 120
Importante ou irrelevante 124
Juntos ou separados 129
Esperto, bobo ou louco 131

O mesmo, o diferente 136
Modos de agir 140
Gosto ou não gosto 144
Medo ou coragem 150
Nascer, crescer ou morrer 154
Tudo bem ou tudo mal 158
Pedir e agradecer 167
Pensar, esquecer ou recordar......................... 169
Perdoar ou vingar-se 173
Personalidade 175
Planejar e realizar 179
Poder 182
Pressionar ou convencer 187
Problemas 190
Rebelião ou submissão 195
Rir, debochar ou enganar............................. 198
Relações pessoais 204
Responsabilidade e culpa 215
Saber, suspeitar ou ignorar.......................... 217
Saúde ou doença..................................... 223
Chegadas e despedidas 226
Continuar ou parar 228
Surpresa 233
Sorte.. 237
Ser bem-sucedido ou fracassar 243
Meteorologia 249
Trabalhar ou não..................................... 250
Tratos e promessas 256
Localização 259
Velocidade 263
Verdade ou mentira 268

Índice alfabético 272

APRESENTAÇÃO

Com certeza você já se perguntou por que os falantes nativos de alemão dizem que não se têm todas as xícaras no armário (*nicht mehr alle Tassen im Schrank haben*), quando, na realidade, estão todas lá. Ou talvez queira saber como se diz em alemão "uma mão lava a outra". Se esse é seu caso, o livro de que você necessitava está em suas mãos. **1000 EXPRESSÕES PARA FALAR ALEMÃO COMO UM NATIVO** apresenta expressões idiomáticas, locuções, combinações, frases feitas e, naturalmente, também expressões mais coloquiais e frequentes da língua alemã. O objetivo desta obra é que você possa se colocar em uma conversa com um nativo e até mesmo impressioná-lo com alguma expressão bem genuína.

Este livro vai ajudá-lo muito na hora de empregar (e também de entender) corretamente as locuções da língua alemã. Em primeiro lugar, vai ajudá-lo a identificá-las; muitas vezes, o que em alemão é uma locução em português não é (como em *die Probe aufs Exempel machen*, "contrastar alguma coisa"). Algumas têm a mesma formulação (*mit [dem] Feuer spielen*, "brincar com fogo"), mas as incluímos mesmo assim para que você possa usá-las sem medo de "dar bola fora" (que, a propósito, se traduz por *ins Fettnäpfchen treten* ou *Mist bauen*). Outras não se parecem em nada: se alguém lhe disser *Von Jürgen kannst du dir eine Scheibe abschneiden* (O quê!? Posso cortar [*abschneiden*] uma fatia [*Scheibe*] do Jürgen?!), você vai pensar que a pessoa ficou louca, claro. Mas ela só está dizendo que Jürgen seja tomado como exemplo. Quanto à ordem dos termos, talvez você dissesse *bei Brot und Wasser*, seguindo a linha do "a pão e água", em português. Mas a comunidade de falantes nativos do alemão diz *Wasser und Brot*. A menos que você tenha alma de poeta e queira revolucionar o idioma, é assim que deve ser dito.

Este livro também ensina as expressões similares nos dois idiomas, mas que ressaltam alguma parte ou algum aspecto diferente nas duas línguas: enquanto em português trabalhamos ombro a ombro, os alemães trabalham "mão em mão" (*Hand in Hand arbeiten*); ou nós mandamos no galinheiro, ao passo que os alemães são os primeiros violinistas (*die erste Geige spielen*) da orquestra. Estão inclusos também os ditados mais comuns em alemão, como *Wer nicht hören will, muss fühlen* ("a letra com sangue entra") ou *Kommt Zeit, kommt Rat* ("tudo tem o tempo certo").

1000 EXPRESSÕES PARA FALAR ALEMÃO COMO UM NATIVO traz apenas as expressões do alemão padrão (*Hochdeutsch*) e deixa de lado as variações dialetais. Também incluímos uma grande variedade de registros; porém, salvo raras exceções, abrimos mão das expressões excessivamente cultas. A maioria provém da linguagem falada e informal; por esse motivo, os exemplos normalmente estão situados em conversas próprias da linguagem coloquial e familiar de uso mais frequente. De qualquer maneira, o tipo de registro de cada locução é mencionado na nota correspondente que a acompanha.

Agrupamos todas as expressões, na medida do possível, em grandes blocos semânticos. Alguns trazem mais de um conceito: "começar ou acabar", "perdoar ou vingar-se", "fácil ou difícil". Outros, só um, como "surpresa", "localização" ou "velocidade".

Assim como um dicionário é uma obra de consulta, aqui também propomos uma leitura seguida de cada campo semântico. Isso permitirá situar cada locução em seu conjunto, tanto em termos de registro em relação às outras locuções mais ou menos equivalentes da mesma seção como no tom e na contundência da mensagem que você deseja transmitir (ou que está recebendo) e, também, em relação a seus contrários. Essas coordenadas (registro, variações e antônimos) lhe permitirão recordá-las, aprendê-las e usá-las com mais segurança. Da mesma forma, os comentários que complementam cada entrada (junto à sua tradução para o português e a um exemplo de uso) só pretendem, em última instância, dar dicas e casos para que a locução faça um percurso mais profundo na memória e se deposite nela de maneira efetiva. Também incluímos um índice alfabético, com todas as expressões que aparecem no livro, caso precise fazer consultas pontuais.

A aprendizagem sempre requer esforço pessoal. Trabalhe as locuções com papel e lápis e aprenda brincando. Vinte e cinco por cento do sucesso da aprendizagem da língua alemã está no domínio da conjugação dos verbos irregulares. Outros vinte e cinco estão no domínio das locuções. E a outra metade é três anos de aprendizagem para atingir um nível médio e depois uma longa estadia em um país de língua alemã. O tempo pode ser reduzido consideravelmente se seu companheiro ou companheira for falante de alemão; e ainda melhor é o bilinguismo desde criança. De qualquer maneira, e sejam quais forem suas circunstâncias pessoais, você verá o resultado do esforço ao se comunicar com sucesso na língua alemã.

Desejamos *Hals- und Beinbruch*. Bons estudos!

Os autores

AUF HERZ UND NIEREN
APRENDER OU EXAMINAR

aprender

die Schulbank drücken
ir à escola

"Apertar a carteira (*Schulbank*)" é uma expressão coloquial que significa ir à escola.

○ Viele Erwachsene würden gerne wieder **die Schulbank drücken**, auch wenn ihre Erinnerungen an die Schulzeit oft nicht allzu positiv sind.

ein Praktikum absolvieren
estagiar, treinar

"Caminhante, não há caminho, // o caminho se faz ao caminhar", como dizia o poeta Antonio Machado; e não há melhor caminho que a prática. A denominação de "prática" em referência a um aprendiz de qualquer atividade profissional remonta ao século XVII e se popularizou no fim do século XX, quando muitos "*Praktikanten*" começaram a desempenhar funções de funcionários. Daí surgiu o termo "*Generation Praktikum*". Na Alemanha, o estágio é um elemento muito valorizado no currículo, especialmente se realizado no exterior. Nesse caso, recebe o nome de "*Auslandserfahrung*".

○ Bevor Susanne zur Internetredakteurin bei dem bekannten Fernsehsender wurde, musste sie zuerst **ein Praktikum absolvieren**.

etwas will gelernt sein
tudo requer prática,
a prática faz o mestre

Quando usamos esta expressão, queremos dar a entender que a atividade em questão não é simples, e requer esforço e prática para ser dominada. Está relacionada com outro provérbio muito popular: *"Es ist noch kein Meister vom Himmel* ("céu") *gefallen".*

○ Lehrer weisen heutzutage darauf hin, dass auch richtiges Lernen **gelernt sein will**. Aus diesem Grund werden an den Schulen immer häufiger Workshops zu diesem Thema angeboten.

wer nicht hören
will, muss fühlen
a letra com sangue entra

"Quem não quer escutar tem que sentir (*fühlen*)" faz alusão à imagem do castigo físico como medida corretiva na educação (tanto cívica quanto escolar). Por sorte, os tempos mudaram e a educação já não é acompanhada nem de violência, nem de punição física.

○ — Ich habe meiner Tochter tausend Mal gesagt, sie soll nicht auf die Herdplatte langen, und trotzdem hat sie es gemacht und sich natürlich verbrannt.
— Tja, **wer nicht hören will, muss fühlen**.

examinar

die Probe aufs
Exempel machen
comprovar algo na
prática, comparar

"Fazer a prova sobre o exemplo (*Exempel*)" refere-se a comprovar o que se afirma mediante um experimento prático, um teste definitivo.

○ Wir raten allen unseren Kunden: **Machen Sie die Probe aufs Exempel** und versuchen Sie, den Topf mit einem Messer zu verkratzen; Sie werden sehen, das klappt nicht.

etwas (genau) unter die Lupe nehmen
olhar com lupa

Quando o conhecimento científico começou a dominar nosso saber, suas ferramentas e métodos passaram a encontrar lugar na linguagem popular. Por isso, quem quer observar algo detalhadamente ou entendê-lo com profundidade também precisa de uma lupa, real ou simbólica.

○ Unser Chef **nimmt** jeden neuen Mitarbeiter **genau unter die Lupe**, er schaut sogar, ob sie vorbestraft sind!

jdn auf Herz und Nieren prüfen
examinar alguém de cima a baixo

"Examinar alguém do coração (*Herz*) aos rins (*Nieren*)" significa examiná-lo de modo minucioso em sua integridade, não só fisicamente. A expressão se arraigou na linguagem popular com as traduções luteranas da Bíblia (em Salmos, 7:9 e Jeremias, 11:20).

○ Bevor bei uns in der Arbeit jemand eingestellt wird, wird er **auf Herz und Nieren geprüft**.

Probieren geht über Studieren
a experiência é a mãe da ciência

"Provar está acima de estudar", sentença que estimula a experimentar e contrastar empiricamente as coisas, e não se valer apenas de conhecimentos teóricos.

○ Du brauchst doch keine Bedienungsanleitung für dieses Picasa-Bildbearbeitungsprogramm, das ist bestimmt nicht schwierig, wenn du einfach ein bisschen herumprobierst. **Probieren geht über Studieren**!

UM JEDEN PREIS

ARRISCAR OU NÃO

arriscar

alles auf eine Karte setzen
apostar tudo

Expressão para pessoas atrevidas. "Apostar tudo em uma carta só", assim como em português, recorre à metáfora dos jogos de cartas, talvez porque, afinal de contas, a vida tem muito de jogo de azar, e, às vezes, temos que arriscar para ganhar.

○ Mit dieser Mannschaftsaufstellung **setzt** der Trainer **alles auf eine Karte**.

auf Biegen und Brechen
*a todo custo,
custe o que custar*

Biegen, "dobrar com esforço" (um metal ou algo que não se deixa curvar facilmente), e até mesmo *brechen*, "quebrar", custe o que custar, é expressão sinônima de *auf Teufel komm raus* (veja a seguir).

○ Viele große Firmen wollen nun **auf Biegen und Brechen** Internationalität erreichen.

auf Teufel komm raus
*a todo custo,
custe o que custar*

Esta invocação ao diabo, que tem suas raízes na Idade Média, significa "a qualquer preço"; ou seja, empregar toda a energia em alguma coisa.

○ In Krisenzeiten wird überall **auf Teufel komm raus** gespart.

aufs Ganze gehen
arriscar tudo,
botar para quebrar

"*Das Ganze* (o todo)" já indica o alcance de uma medida: "arriscar tudo" para a sorte virar a seu favor ou conseguir alguma coisa.

○ Beim Rückrundenspiel in der Champions League **ging** der Trainer **aufs Ganze** und ließ seine Mannschaft mit nur drei Männern in der Abwehr spielen.

etwas aufs Spiel setzen
pôr em jogo, arriscar

Assim como seu homólogo em português, "pôr algo em jogo (*Spiel*)" significa expor-se ao perigo de perder.

○ Die Feuerwehrmänner **setzen** täglich ihr Leben **aufs Spiel**, um anderen zu helfen.

mit (dem) Feuer spielen
brincar com fogo

Expressão equivalente nos dois idiomas cujo significado é mexer com algo que pode acabar sendo um perigo e se voltar contra a pessoa.

○ Wer betrunken Auto fährt, **spielt mit dem Feuer**.

seinem Herzen einen Stoß geben
fazer das tripas coração

"Dar um empurrão (*Stoß*) no coração" incita a superar a resistência interior e se atrever a tomar uma decisão. É usada especialmente para estimular alguém a agir.

○ Komm, **gib deinem Herzen einen Stoß** und versöhne dich endlich mit deinem Bruder!

um jeden Preis
a todo custo, custe o que custar

"A qualquer preço (*Preis*)"; ou seja, custe o que custar, sem se deter diante de nenhum obstáculo.

○ Meine Freundin will **um jeden Preis** in den USA Medizin studieren, obwohl die Sache über 30.000 Euro kostet.

estar em perigo

am seidenen Faden hängen
estar por um fio

Na expressão alemã, o fio (*Faden*) é de seda, mas a ameaça é a mesma: algo está em perigo. A origem desta frase remonta à espada de Dâmocles que, suspensa sobre sua cabeça, ameaçava cair e matá-lo.

○ Nach dem schweren Motorradunfall **hing** das Leben des Fahrers **am seidenen Faden**.

auf dem Spiel stehen
estar em jogo

Ilustra o momento decisivo em que se arrisca a continuidade, a permanência (ou não) de algo.

○ Für den Trainer der Mannschaft **steht** am nächsten Samstag viel **auf dem Spiel**, denn eine weitere Niederlage wird seinen Rausschmiss bedeuten.

etwas steht auf des Messers Schneide
estar no fio da navalha, por um fio, à beira do abismo

Quando "algo está no fio da navalha (*Messer*)", encontra-se diante de um desfecho imprevisível: pode ter tanto um resultado favorável quanto adverso. Esta expressão tem origem na *Ilíada* de Homero.

○ Die Steuerreform **steht auf des Messers Schneide** seit einige Minister ihre Bedenken geäußert haben.

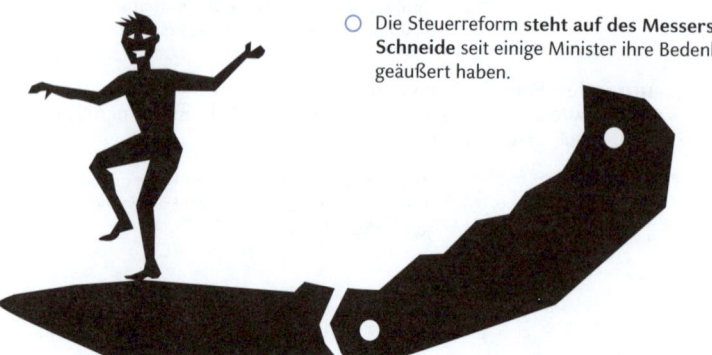

ter cuidado

auf der Hut sein
ter cuidado

A exclamação *auf der Hut!* significa "tenha cuidado!". *Hut* aqui não tem nada a ver com "chapéu", que é o significado padrão, e sim com um substantivo já arcaico que significa "proteção", ainda hoje presente no verbo *hüten* ("cuidar","pastorear").

○ Beim Streicheln von bestimmten Hunderassen sollten vor allem Kinder **auf der Hut sein**, denn die Tiere könnten schnell zubeißen.

auf Nummer sicher gehen
ir na certeza, apostar no certo, não ir no escuro

"Ir a número (*Nummer*) seguro" é uma expressão coloquial muito usada entre os precavidos que detestam riscos e imprevistos.

○ Ich finde, wir sollten **auf Nummer sicher gehen** und eine Reiserücktrittsversicherung für unseren Urlaub abschließen. Es kann immer etwas passieren.

die Finger von etwas lassen
afastar-se de algo ou alguém; deixar para lá

A expressão "tirar os dedos (*Finger*) de algo" convida ou exorta a não se relacionar com alguém ou não participar de certa atividade.

○ Meine Mutter sagt mir immer, ich soll **die Finger** von verheirateten Männern **lassen**, aber gerade die sind am interessantesten.

sich in Acht nehmen
ter cuidado, precaver-se

Trata-se de uma expressão de advertência (atenção, aqui não se fala do número oito, *acht*, e sim de *die Acht*, sinônimo de *Aufmerksamkeit*, termo mais empregado para dizer "cuidado, atenção"), que aconselha a redobrar a precaução, não só diante de ouriços, como no exemplo, mas especialmente diante dos bípedes sem penas.

○ Igel sind ziemlich zahme Tiere, man sollte **sich** nur vor ihren Zähnen **in Acht nehmen**, denn sie beißen gerne einmal zu.

IM ADAMSKOSTÜM

APARÊNCIA FÍSICA

aus allen Nähten platzen
ficar feito um barril

Quando alguém aumenta de peso, esta é uma forma muito direta de nos referirmos à sua necessidade de fazer uma dieta, ou seja, dizer que "estoura todas as costuras (*Nähte*)". O manequim das calças costuma ser a medida dos excessos à mesa e também da falta de exercício (veja também a página 42).

○ Hast du Bettina in letzter Zeit gesehen? Die hat vielleicht zugenommen ... Sie **platzt** wirklich **aus allen Nähten**!

ein heißer Ofen
ser atraente, ser gostoso

"Um forno (*Ofen*) quente" é uma expressão ponderativa das qualidades físicas atrativas de uma pessoa, ponderação que se aplica também aos carros esportivos e às motos de grandes cilindradas.

○ Eriks neue Freundin ist echt **ein heißer Ofen**! Da könnte man glatt neidisch werden.

ein Mauerblümchen sein
ser um patinho feio

Mauerblümchen significa "florzinha de muro" e costuma aludir à mulher pouco agraciada fisicamente e que ninguém tirava para dançar nos bailes de antigamente. Na atualidade, esse significado se estendeu aos objetos que não recebem atenção, e a expressão costuma ser empregada também para garotas que não se destacam em nada, que são comuns.

○ Ich kann es echt nicht verstehen, wie Hendrik Martina so toll finden kann, sie **ist** doch **ein** richtiges **Mauerblümchen**!

APARÊNCIA FÍSICA

eine graue Maus sein
ser comum

"Ser um rato (*Maus*) cinza" se aplica também a alguém que não chama muita atenção. Significa ter uma aparência anódina e insignificante, e, por extensão, refere-se inclusive a uma pessoa a quem prestamos pouca atenção ou que não se destaca em nada de especial.

○ Ich hätte nie gedacht, dass Annas Mann so toll aussieht, sie selbst **ist** ja eigentlich eine **graue Maus**.

im Adamskostüm
pelado, do jeito que viemos ao mundo

Com a roupa de Adão (*Adam*), ou seja, do jeito que viemos ao mundo (nem sequer com a folhinha da parreira).

○ Beim Training ging auf einmal mein Trikot auf und ich stand **im Adamskostüm** da. Alle haben gelacht!

jdm wie aus dem Gesicht geschnitten sein
ser o retrato vivo de alguém, cuspido e escarrado

Literalmente seria "ser cortado pelo molde do rosto (*Gesicht*)", e destaca a sensação de espanto diante da enorme semelhança entre algumas pessoas.

○ Man sieht es meinen Kindern schnell an, dass sie Geschwister sind, sie **sind** einander **wie aus dem Gesicht geschnitten**.

Kleider machen Leute
o hábito faz o monge

A expressão brasileira é mais comum em sua formulação negativa, "o hábito *não* faz o monge", que recomenda desconfiar da aparência externa das pessoas, pois nem sempre esta corresponde ao interior. Porém, em alemão a expressão *Kleider machen Leute* (literalmente "as roupas fazem a pessoa") indica que essa característica externa também pode modificar sua maneira de ser, a ponto de alguém acabar se amoldando à aparência e se comportando segundo o que determina sua profissão, hierarquia etc.

○ Für mein letztes Vorstellungsgespräch habe ich extra einen Anzug angezogen. Man sagt ja immer, **Kleider machen Leute**.

nur (noch) ein Strich in der Landschaft
ser puro osso

"Ser apenas um traço (*Strich*) na paisagem (*Landschaft*)" faz referência, em tom hiperbólico, à magreza extrema.

○ Ich hoffe, Andrea will nicht noch mehr abnehmen, sie **ist** doch eh **nur noch ein Strich in der Landschaft**.

sich gehen lassen
descontrolar-se, não ter limites

Esta expressão tem o sentido de "não se controlar", "não se submeter a nenhuma disciplina", o que pode ter todo tipo de consequências: desde as observáveis na aparência física (aumento de peso, tabagismo, alcoolismo) até sofrer uma prostração geral que evolui rapidamente para uma depressão.

○ Marie **hat sich** seit ihrer Scheidung aber ganz schön **gehen lassen**, sie legt nicht einmal mehr Make-up auf.

viel Holz vor der Hütte haben
ser peituda, ter uma bela comissão de frente

"Ter muita madeira (*Holz*) em frente à cabana (*Hütte*)" ilustra com uma imagem engraçada a exuberância dos seios de uma mulher. Com tal "madeiramento", qualquer um riria do inverno diante da lareira.

○ Hast du Ursula schon gesehen, die Neue von Thomas? Die **hat** aber ganz schön **viel Holz vor der Hütte**!

EINE HAND WÄSCHT DIE ANDERE

AJUDAR OU PREJUDICAR

ajudar

eine Hand wäscht die andere
amor com amor se paga, uma mão lava a outra

"Uma mão (*Hand*) lava a outra" tem o sentido de retribuir como se deve a uma ajuda recebida de outra pessoa antes. A expressão remonta ao latim clássico e ficou registrada, entre outras, nas obras do filósofo cordobense Sêneca.

○ Komm, ich helfe dir, du hast mir ja auch schon so oft geholfen. **Eine Hand wäscht die andere**.

für jdn ein gutes Wort einlegen
falar bem de alguém

"Pôr uma palavra (*Wort*) boa para alguém", no sentido de interceder a seu favor, recomendá-lo.

○ Marion hat mir gesagt, sie würde bei ihrem Chef **ein gutes Wort** für mich **einlegen**. Vielleicht bekomme ich ja den Job.

jdm die Kartoffeln / Kastanien aus dem Feuer holen
livrar a cara, tirar de um apuro, quebrar o galho

Esta expressão indica que alguém ajuda outro, até mesmo assumindo riscos, ou simplesmente que um faz o trabalho sujo enquanto outro fica com o benefício. Para isso, os alemães tiram as batatas (*Kartoffeln*) ou as castanhas (*Kastanien*) do fogo para alguém.

○ Du erwartest doch nicht etwa, dass ich unserem Sohn mal wieder **die Kastanien aus dem Feuer hole**? Nun muss er schon selbst sehen, wie er das wieder hinbekommt.

jdm unter die Arme greifen
dar uma mão, dar uma força

"Segurar alguém por baixo dos braços (*Arme*)" quando ameaça desmaiar, por exemplo, passou a significar ajudar alguém em uma situação de apuro.

○ Ich hoffe, meine Eltern können uns ein bisschen finanziell **unter die Arme greifen** bei den ganzen Ausgaben für die Hochzeit.

prejudicar

jdm ein Bein stellen
passar uma rasteira, prejudicar, trair

"Pôr uma perna (*das Bein*) para alguém" com intenção de fazê-lo tropeçar e cair, tanto no sentido real quanto figurado. Neste último sentido se aplica a quando alguém coloca todo tipo de obstáculo a outra pessoa para que não consiga algo, por exemplo, no âmbito profissional ou escolar. O termo moderno dessa rasteira é denominado pelos anglicismos *mobbing* e *bullying*, respectivamente.

○ Hier wird niemandem **ein Bein gestellt**, in unserer Firma gibt es echtes Teamwork.

jdm einen Strich durch die Rechnung machen
frustrar os planos de alguém, estragar tudo

"Passar um traço (*Strich*) na conta (*Rechnung*)" significa frustrar os planos de alguém, torná-los inviáveis.

○ Eigentlich wollten meine Frau und ich uns ein schönes langes Wochenende in Paris machen, aber mein Chef **machte** uns **einen Strich durch die Rechnung** und ich musste leider arbeiten.

jdm ins Handwerk pfuschen
fazer concorrência

A expressão alude ao intruso que pretende se meter no terreno de outro. Na época medieval, a expressão se referia aos que pretendiam exercer um ofício (*Handwerk*) sem pertencerem ao grêmio, ou seja, sem a devida formação. Hoje em dia, *pfuschen* equivale a "fazer nas coxas".

○ Warum hast du das Interview gemacht, das ich vorbereitet habe? Ich habe dir doch gesagt, du sollst **mir** nicht **ins Handwerk pfuschen**!

jdm zur Last fallen
ser um fardo para alguém

O fardo (*Last*) da frase alude aos trabalhos, esforços ou gastos adicionais causados a outras pessoas por depender delas.

○ Ich möchte meinen Eltern nicht länger **zur Last fallen**, deshalb habe ich mir eine eigene Wohnung gesucht.

jdn / etwas in Mitleidenschaft ziehen
fazer pagar o pato,
ter efeitos colaterais

Longe do *Leidenschaft* ("paixão") fica o termo *Mitleidenschaft*, que só é utilizado nesta expressão e significa prejudicar gravemente alguém em algo que ele ou ela não provocou diretamente, apenas sofrendo o rebote como efeito colateral.

○ Bei der Militäroffensive sollten keine unbeteiligten Zivilpersonen **in Mitleidenschaft gezogen** werden.

TREULOSE TOMATEN

GENTE BOA, GENTE RUIM

gente boa

das Herz am rechten Fleck haben
ter um coração de ouro, ter bom coração

Alguém que "tem o coração no lugar certo" (aqui, *recht* não tem nada a ver com *links und rechts*, "esquerda e direita"), "no lugar", é uma pessoa sensível, empática e que, como consequência, também costuma ser gentil. Tradicionalmente, o coração está associado às emoções, à parte sensível do ser humano.

○ David ist echt ein lieber Kerl, er **hat das Herz am rechten Fleck**.

in guten Händen sein
estar em boas mãos

Expressão idêntica nos dois idiomas que denota que alguém está sendo bem cuidado ou assessorado por uma pessoa de confiança.

○ Bei Dr. Haas **bist** du wirklich **in guten Händen**!

jdm jeden Wunsch von den Augen ablesen
realizar todos os desejos de alguém

"Ler cada desejo (*Wunsch*) nos olhos de alguém" mostra quão diligente e servil alguém pode ser, ao ponto de se antecipar à verbalização de qualquer desejo para satisfazê-lo. Enfim, estaríamos diante de uma pessoa de grande amabilidade e generosidade que atende aos desejos de outra.

○ Ich habe wirklich einen tollen Mann: Er **liest mir jeden Wunsch von den Augen ab.**

jdm kein Haar krümmen (können), niemandem ein Haar krümmen (können)
ser zeloso, superprotetor

Expressão que significa ter o cuidado para que não aconteça nenhum mal a outra pessoa, por mínimo que seja.

○ Ich hätte nie gedacht, dass Hannes sich einmal schlagen würde, der **kann** doch sonst **niemandem ein Haar krümmen**.

jdn auf Händen tragen
tratar a pão de ló, mimar

"Levar alguém nas mãos (*Hände*)" destaca o excesso de atenção que se dá e o mimo com que se trata alguém, beirando a adulação.

○ Mein Mann ist so aufmerksam, er **trägt** mich wirklich **auf Händen.**

jdn in Watte packen
tratar como um bibelô

"Ter alguém enrolado em algodão (*Watte*)", como se fosse um objeto extremamente frágil, expressa um cuidado desmedido, beirando o exagero, em relação a outra pessoa.

○ Seitdem mein Mann weiß, dass ich ein Kind erwarte, **packt** er **mich in Watte**, das ist echt toll.

jdn unter seine Fittiche nehmen
pôr debaixo da asa, cuidar, proteger

Expressão figurada de tom poético, "tomar alguém debaixo de sua asa (*Fittich*)", que significa proteger e cuidar de alguém como fazem as aves com seus filhotes.

○ Ein wichtiger Geschäftsmann **nahm** den Waisen **unter seine Fittiche** und brachte ihn in den besten Privatschulen unter.

gente ruim

auf die schiefe Bahn kommen / geraten
ir por mau caminho

"Ir pela trilha (*Bahn*) errada ou torta", sabendo ou não, mas que, de qualquer maneira, pode acabar mal.

○ Es ist leicht, **auf die schiefe Bahn** zu **geraten**, wenn man mit den falschen Leuten befreundet ist.

du gibst jdm den kleinen Finger, und er nimmt die ganze Hand
você dá a mão e o outro já quer o braço

Vamos recordar aqui o nome dos dedos da mão em alemão: *der Daumen* ("polegar"), *der Zeigefinger* ("indicador"), *der Mittelfinger* ("médio"), *der Ringfinger* ("anelar"), *der kleine Finger* ("mínimo"). Na expressão em alemão, damos generosamente o dedo mínimo. Talvez devêssemos dar a mão inteira de cara para que ninguém nos pedisse mais nada depois. Mas, então, iam querer o braço inteiro...

○ Nachdem ich Anna einmal bei den Hausaufgaben geholfen habe, soll ich ihr jetzt die Hausarbeit schreiben! Typisch, **du gibst jemandem den kleinen Finger, und er nimmt die ganze Hand**.

eine treulose Tomate sein
ser amigo da onça

"Ser um tomate infiel (*treulos*)" é utilizado para censurar de maneira carinhosa e irônica um amigo que não liga, não cumpre sua palavra ou não aparece quando combinado. A relação desse fruto com a infidelidade é desconhecida.

○ Meine Freundin Bea hat schon wieder unser Treffen abgesagt, nur weil sie lieber etwas mit ihrem Mann macht. Sie **ist** wirklich eine **treulose Tomate**!

eine Zicke sein
ser uma bruxa

"Ser uma cabra (*Zicke, Ziege*)" é uma expressão pejorativa utilizada para designar mulheres resmungonas, mal-humoradas ou de "caráter forte", como se costuma dizer, eufemisticamente, de uma pessoa que anda sempre "cabreira".

○ Bei dieser alten Dame muss man vorsichtig sein, sie **ist eine** alte **Zicke**.

es faustdick hinter den Ohren haben
dar nó em pingo d'água, vender guarda--chuva no deserto

"Tê-lo grande (*faustdick*) como um punho atrás das orelhas" indica astúcia e picardia, especialmente quando se tem mais do que parece. A imagem tem origem em uma antiga crença popular, segundo a qual a picardia e o descaramento das pessoas eram obra dos diabinhos que ficavam atrás das orelhas e ditavam más ideias.

○ Der Nachbarsjunge sieht aus, als ob er nichts verstehen würde, aber dieses Kind **hat es** wirklich **faustdick hinter den Ohren**.

jdm auf den Schlips treten
passar dos limites, abusar

Esta expressão e a seguinte aludem à ação de ofender ou insultar uma pessoa. Esta primeira diz literalmente "pisar na gravata de alguém" (*Schlips*, termo familiar de *Krawatte*). Aqui, a palavra alemã *Schlips* faz referência, na realidade, à "aba" das peças de roupas, que nos dialetos do norte da Alemanha são denominadas *slip*.

○ Mit deinen Anschuldigungen **bist** du einigen Leuten ganz schön **auf den Schlips getreten**, ich finde, du solltest dich deswegen entschuldigen.

jdm das Handwerk legen
pôr fim às atividades sujas de alguém

A expressão "retirar alguém do ofício (*Handwerk*)" significa pôr fim às suas atividades delituosas ou fraudulentas.

○ Diesen Betrügern im Internet sollte endlich einmal **das Handwerk gelegt werden**!

jdm die kalte Schulter zeigen
ignorar alguém, dar gelo em alguém

"Mostrar o ombro (*Schulter*) frio a alguém" significa não lhe dar atenção, mostrar-se indiferente e negar-se a lhe dirigir a palavra.

○ Ich habe versucht, mich bei Anna zu entschuldigen, aber sie **zeigte** mir **die kalte Schulter**.

jdm etwas vor der Nase wegschnappen
arrancar algo das mãos de alguém

A expressão "tirar algo de debaixo do seu nariz" é usada quando se tira com rapidez surpreendente aquilo que alguém ia adquirir ou pegar, o que acontece muito nos primeiros dias de liquidação em uma loja, por exemplo.

○ Der englische Schwimmer konnte es kaum glauben, als ihm der Australier den Sieg **vor der Nase wegschnappte**.

jdm zu nahe treten
tomar liberdade com alguém, exceder-se

"Aproximar-se demais de alguém" é o significado literal desta expressão coloquial dita quando parece que magoamos ou humilhamos alguém por não respeitar as distâncias "seguras" recomendáveis.

○ Wenn man sich nicht mehr traut, die Wahrheit zu sagen, weil man seinem Partner nicht **zu nahe treten** will, sollte man sich ernsthaft überlegen, ob in der Beziehung alles stimmt.

jdn aus dem Konzept bringen
atrapalhar o raciocínio, confundir

"Tirar alguém do plano (*Konzept*)" é confundir alguém quando fala ou realiza uma atividade e, por extensão, fazê-lo(a) perder o fio do discurso ou raciocínio.

○ Die Anspielungen ihres Chefs **brachten** sie völlig **aus dem Konzept**.

jdn im Stich lassen
deixar na mão, deixar vendido

Stich é, entre outras coisas, "uma facada". Esta expressão significa desamparar alguém em uma situação de perigo ou abandoná-lo(a).

Procede dos torneios medievais, quando um cavaleiro derrubado de seu cavalo ficava à mercê das lanças de seu rival se seu escudeiro não o ajudasse a tempo.

○ Die Opfer der Überschwemmungen fühlen sich von der Regierung **im Stich gelassen**.

jdn vor den Kopf stoßen
ofender alguém

"Dar um empurrão na testa de alguém" não é exatamente a tradução literal desta expressão, mas transmite de forma inequívoca a brusquidão de algo inesperado e ofensivo para o receptor desse gesto tão pouco lisonjeiro.

○ Wenn du von einer Frau einen Drink spendiert bekommst, solltest du ihn unbedingt annehmen, sonst fühlt sie sich **vor den Kopf gestoßen**.

über Leichen gehen
não ter escrúpulos

"Andar sobre cadáveres (*Leichen*)" é um indicador bastante gráfico do (baixo) nível a que é capaz de chegar quem assim caminha pela vida para atingir seus objetivos.

○ Mein Kollege würde sogar **über Leichen gehen**, um befördert zu werden.

vor Neid erblassen
ficar roxo de inveja

A inveja repentina que acomete a pessoa é tão forte que não se pode disfarçar, porque, no mínimo, poderá ser notada na cor "roxa" de raiva em seu rosto. Em alemão, a pessoa também pode ficar amarela (*gelb*) ou verde (*grün*) de inveja, ou os dois ao mesmo tempo: "*Grün und gelb vor Neid werden*".

○ Andreas wird **vor Neid erblassen**, wenn er mein neues Auto sieht!

DEN DREH HERAUSHABEN

BOM OU RUIM

bom

das beste Pferd im Stall sein
funcionário do mês

"Ser o melhor cavalo do estábulo (*Stall*)" alude ao funcionário de uma empresa que mais se destaca por seu rendimento.

○ *Chef zum neuen Mitarbeiter:*
— Nun stelle ich Ihnen unser Team vor. Das hier ist Herr Meier, er ist unser **bestes Pferd im Stall**.

das Zeug zu etwas haben
ter jeito, levar jeito para alguma coisa

"Ter certa coisa (*Zeug*) para algo" denota a faculdade, o dom, o talento, ou seja lá como se designa em cada profissão, para se destacar. Nem todo mundo serve para tudo e tem *Zeug* para qualquer atividade.

○ Ich finde es super, dass Emil seinen Doktortitel machen will. Er **hat** absolut **das Zeug dazu**!

den richtigen Riecher für etwas haben
einen guten Riecher für etwas haben
ter faro para algo

Der Riecher deriva do verbo *riechen* "cheirar", de modo que *Riecher* seria "o cheirador": o nariz (*die Nase*) ou o olfato. Esta expressão e a anterior servem para expressar que alguém tem um instinto muito desenvolvido para reconhecer e avaliar um assunto de forma acertada.

- **Den richtigen Riecher** für künftige Entwicklungen, Erwartungen und Technologien am Markt **zu haben**, bedeutet für ein Unternehmen den entscheidenden Marktvorsprung.

den Dreh heraushaben
descobrir, pegar o jeito

Literalmente, "tirar o truque". É descobrir como funciona algo depois de investigar e quebrar a cabeça. Também tem um tom de júbilo associado: "Eureca! Já começamos a dominar uma habilidade que estava dando trabalho!"

- Am Anfang fand ich Skifahren blöd, aber jetzt, wo ich **den Dreh heraushabe**, ist es toll!

eine gute Nase für etwas haben
ter faro, ter intuição para algo

Leia na página anterior a explicação para *den richtigen Riecher für etwas haben*.

- Mark ist ja eigentlich nicht besonders schlau. Ich glaube, er **hat** einfach **eine gute Nase** fürs Geschäft.

mehr aus sich machen
refinar, caprichar

"Fazer mais (*mehr*) de si mesmo" é uma expressão utilizada para indicar que algo ainda tem mais a oferecer, que pode ser refinado para ser mais elegante.

- Der Europaabgeordnete nannte Dachau "eine sehr schöne Stadt", die aber noch **mehr aus sich machen** müsse: "Dachau sollte die vorhandenen Stärken als ruhige, naturnahe Einkaufsstadt mit kulturellem Schwerpunkt noch besser nutzen."

par excellence
por excelência, por antonomásia

Expressão tomada do francês. Em português existe também, mas traduzida. No alemão, incorporar expressões de outra língua e deixá-las (e pronunciá-las!) no idioma original sempre é muito elegante. A palavra alemã com o mesmo sentido é *schlechthin* ou *schlechterdings*.

○ Mein Vater ist der Entertainer **par excellence**, er lässt sich für jede Feier eine neue Show einfallen.

sich einen Namen machen
fazer um nome, tornar-se famoso

"Fazer um nome (*Name*)" significa adquirir fama em uma determinada atividade, chegar a ser alguém (conhecido). Repare que o substantivo *Name* pertence à declinação em -*n*.

○ Die junge Forscherin **hat sich** schnell **einen Namen** auf ihrem Gebiet **gemacht** und bekommt nun von vielen ausländischen Universitäten Jobangebote.

sich ein Beispiel an jdm / etwas nehmen
ter alguém como exemplo

Expressão similar nos dois idiomas que incita a imitar alguém por considerá-lo um exemplo (*Beispiel*) a seguir.

○ Viele Länder **könnten sich ein Beispiel** an der historischen Aussöhnung zwischen Frankreich und Deutschland **nehmen**.

sich machen
progredir, avançar

Locução que tem o sentido de aprender e progredir em alguma atividade ou ofício.

○ Der neue Kollege **macht sich**! Gestern konnte er schon ohne meine Hilfe den Verbrenner reparieren.

sich von jdm eine Scheibe abschneiden können
aprender com alguém

Equivalente coloquial de *sich ein Beispiel an jdm nehmen* (veja mais acima nesta página), esta expressão significa poder tomar alguém ou algo como modelo, do mesmo modo que poderíamos cortar uma deliciosa fatia (*Scheibe*) de presunto ou de um bom pão.

○ Schau mal, wie brav sich dein Bruder selbst anzieht, Andi. Von dem **kannst** du **dir eine Scheibe abschneiden**.

ruim

aufs falsche Pferd setzen
apostar errado

A expressão "apostar no cavalo (*Pferd*) errado" provém das apostas hípicas. E como não poderia deixar de ser, significa tomar uma decisão errada e perder a aposta. É algo bastante frequente nos negócios e nas previsões dos economistas.

○ Mit dem Online-Verkauf unserer Modekollektion **haben** wir leider **aufs falsche Pferd gesetzt**, das bringt absolut keinen Gewinn.

da ist Hopfen und Malz verloren
ser um caso perdido, não ter jeito

Quando um cervejeiro ruim começa a produzir, não importa a qualidade dos ingredientes que use: até o melhor lúpulo (*Hopfen*) e o melhor malte (*Malz*) poderão se considerar perdidos (*verloren*). Esta expressão é usada quando um objeto já não tem conserto e é melhor jogá-lo no lixo; ou, em relação a uma pessoa, o melhor é não gastar esforços inúteis para mudá-la. O romance picaresco diversas vezes nos ensina que a pessoa pode mudar de lugar e de hábitos, mas não seu jeito de ser.

○ Der Computer lässt sich nicht mehr richten, **da ist Hopfen und Malz verloren**.

das Schlusslicht sein
ser o lanterna, o último

"Ser a luz de trás" significa ocupar a última posição em uma classificação ou chegar por último em uma corrida. É usada especialmente em competições esportivas, mas, por extensão, também pode ser empregada para o estudante que tira a pior nota da classe. Aqui não serve de muito consolo o que diz a Bíblia: os últimos serão os primeiros.

○ Unsere Mannschaft **ist** auch nach dem letzten Sieg noch **das Schlusslicht** in der Tabelle.

eine Null sein
ser um zero à esquerda

"Ser um zero (*Null*)" significa o mesmo que "ser um zero à esquerda" em português; ou seja, inútil.

○ Ich **bin** leider **eine** absolute **Null** im Sport.

eine Pfeife sein
ser um inútil,
um fracassado, loser

"Ser um cachimbo (*Pfeife*)" é uma expressão coloquial que se refere a uma pessoa que consideramos incapaz de realizar uma determinada atividade ou de qualquer coisa.

○ Meine Kollegin **ist** leider **eine** totale **Pfeife** und ständig muss ich ihre Arbeit erledigen.

zwei linke Hände haben
ser desajeitado, não ter
mão para as coisas

As pessoas com poucas habilidades para trabalhos manuais são acusadas de "ter duas mãos (*Hände*) esquerdas". Os canhotos deveriam ser acusados de ter duas mãos direitas, porém para eles a expressão é igual.

○ Kannst du mir beim Renovieren helfen? Ich **habe** leider **zwei linke Hände**.

TOTE HOSE

CALMA OU TENSÃO

calma

die Kirche im Dorf lassen
manter a cabeça fria, as ideias claras

A expressão "deixar a igreja no vilarejo (*Dorf*)" exorta a não exagerar, a tentar manter a calma e a avaliar a situação em sua justa medida.

○ — Bei diesen wirtschaftlichen Bedingungen sollten wir unbedingt schnell alle unsere Ersparnisse in Gold anlegen, Helmut.
— Hey, **lass die Kirche im Dorf**, wir können ja erst einmal mit 1000 Euro anfangen.

ein dickes Fell haben
ser duro na queda

"Ter a pele (*Fell*) grossa" se refere ao elevado nível de resistência para suportar muitas contrariedades, como se fosse protegido por uma couraça.

○ — Mensch, Inga, lass dich doch von den Kollegen nicht ärgern!
— Das ist leider nicht so einfach, ich **habe** einfach **kein** so **dickes Fell** wie du.

einen kühlen / klaren Kopf bewahren
não perder a calma, manter a cabeça fria, no lugar

"Manter a cabeça (*Kopf*) fria ou clara"; ou seja, não se deixar dominar por uma emoção e perder o controle da situação, o que tradicionalmente (e cientificamente) se situa na cabeça racional.

○ In Gefahrensituationen ist es das Allerwichtigste, **einen kühlen Kopf zu bewahren**. Panik macht alles nur noch schlimmer.

es sich gemütlich machen
ficar à vontade

A *Gemütlichkeit* ("comodidade", "conforto" ou simplesmente "sentir-se à vontade") na Alemanha é um termo – junto com o que representa – muito apreciado no domínio privado; ou seja, na intimidade do lar, com a família e com os amigos.

○ Guten Tag, Frau Maier. Schön, dass Sie gekommen sind. **Machen** Sie **es sich gemütlich**, ich komme gleich.

keine Miene verziehen
*sem nem se despentear,
nem tchum*

Permanecer imperturbado, "sem torcer nenhuma careta (*Miene*)" nem mudar a expressão do rosto tem seu mérito diante de situações que abalariam qualquer um.

○ Als seine Freundin mit ihm vor den Augen seiner Freunde Schluss machte, **verzog** er **keine Miene**.

tote Hose
*ser um porre,
muito chato*

"Ser uma calça (*Hose*) ou bermuda morta" é utilizado coloquialmente para indicar que um lugar ou uma pessoa é chato(a), entediante.

○ Kommt, Leute, gehen wir lieber woanders hin, hier **ist** ja **tote Hose**.

sich am Riemen reißen
*controlar-se,
segurar a onda,
manter a calma,
respirar fundo*

Literalmente, significa "puxar o cinto (*Riemen*)", e aqui adquire o sentido de pisar no freio e se conter, esforçando-se para não perder a calma, como se alguém apertasse o cinto para evitar que o corpo se lance às vias de fato com outra pessoa.

○ Als meine Ex auf einmal mit diesem Typen auftauchte, musste ich **mich** echt **am Riemen reißen**, um ihm keine runterzuhauen.

alvoroço

außer Rand und Band
estar eufórico ou descontrolado, fora de si

Expressão proveniente da linguagem dos tanoeiros e que significa "estar descontrolado", quase fora de si; mas também tem uma conotação de alegria e animação.

- "Jetzt haltet doch endlich mal den Mund! Was ist denn los mit euch, ihr **seid** heute ja völlig **außer Rand und Band**", ruft die Lehrerin entnervt in die 6b, die heute mal wieder kaum dem Unterricht folgt, sondern nur Blödsinn macht.

der Teufel ist los
que zona!

Esta expressão faz referência à imagem religiosa dos pecadores, vítimas de um excesso de vitalidade, que quando vão para o inferno continuam a festa com o diabo.

- Dieses Jahr wollen wir auf den Faschingsumzug, da **ist der Teufel los**!

drunter und drüber gehen
ser um caos, uma zona

Denota caos, bagunça e certo descontrole.

- Bei Pipi Langstrumpf **geht** es meist **drunter und drüber**: Ihre Welt ist lustig, kunterbunt und verrückt.

(viel) Staub aufwirbeln
causar alvoroço, gerar polêmica

"Levantar poeira (*Staub*)" se usa quando um assunto provoca agitação na forma de opiniões e críticas de muita gente.

- Das Thema der Abtreibung **hat** vor dreißig Jahren **viel Staub aufgewirbelt**.

tensão

(wie) auf glühenden Kohlen sitzen
estar aflito, ansioso

"Estar sentado em carvão (*Kohle*) em brasa" indica o estado de desassossego e inquietude próprio de qualquer um que espera por algo importante, quando cada minuto parece interminável.

○ Ich **sitze** hier **wie auf glühenden Kohlen** und warte auf die Ergebnisse der Prüfungen. Hoffentlich habe ich es geschafft!

Dampf ablassen
liberar a tensão, relaxar

"Soltar vapor (*Dampf*)" é uma expressão proveniente da técnica e contempla a pessoa como uma panela de pressão que precisa de uma válvula para soltar vapor e não explodir. O exercício físico sempre foi uma boa válvula de escape para o nervosismo e o mau humor, mas existem muitas outras: desde cozinhar ou fazer tricô até dar risada com os amigos ou chorar vendo um filme.

○ Wer in der Mittagspause **Dampf ablassen** will, kann das zukünftig in der firmeneigenen Sporthalle tun.

das Herz bis zum Hals klopfen / schlagen
estar com o coração a mil, disparado

"O coração bater até a garganta (*Hals*)" significa passar por uma imensa agitação decorrente de nervosismo ou medo.

○ Vor meinem ersten Fallschirmsprung **klopfte mir das Herz bis zum Hals** und ich konnte kaum atmen vor Nervosität ... Aber schließlich bin ich doch gesprungen.

die Nerven verlieren
perder as estribeiras

Esta expressão se usa quando alguém perde a calma e, talvez, os bons modos, porque se vê angustiado pela situação e não consegue dominar suas emoções.

○ Nach der zehnten Niederlage **verlor** der Trainer **die Nerven** und gab dem Kapitän eine Ohrfeige.

Hummeln im Hintern / Arsch haben
ter bicho no corpo, não parar quieto, estar pilhado

"Ter vespas no traseiro (*Hintern*)/cu (*Arsch*)" indica, com uma linguagem bem humorada, alguém que não consegue ficar quieto, que está pilhado ou precisa estar sempre ocupado com alguma atividade.

○ Was zappelst du so? **Hast** du **Hummeln im Hintern**?

jdn auf die Folter spannen
deixar no escuro, não satisfazer a curiosidade

"Deixar alguém tenso no tormento (*Folter*)" significa deixá-lo muito intrigado, não satisfazer sua curiosidade, não permitir que saiba o que deseja saber.

○ Jetzt **spann mich** nicht so **auf die Folter**, wer hat denn jetzt das Spiel gewonnen?

nicht wissen, wo einem der Kopf steht
estar atrapalhado, com muita coisa na cabeça

Expressão utilizada quando a pessoa está no sufoco. "Não saber nem onde está a cabeça" ilustra com clareza a sensação frequente de nos sentirmos confusos por esquecer até o mais elementar devido ao excesso de trabalho, ao estresse ou às preocupações da vida diária.

○ Tut mir echt leid, dass ich deinen Geburtstag vergessen habe, bei so viel Arbeit **weiß** ich momentan **nicht, wo mir der Kopf steht**.

(nur immer) ruhig Blut!
calma!

"Sangue (*Blut*) calmo!", pede a exclamação que alguém não se agite nem perca o controle de uma situação.

○ **Ruhig Blut**, Andreas! Hör einfach nicht auf diesen Idioten!

unter Dampf stehen
estar sob pressão

"Estar sob vapor (*Dampf*)", apesar do que possa parecer, não significa estar em uma sauna. Aqui ocorre uma metonímia, em que se confunde a causa com o efeito e se fala de vapor em vez da pressão que o origina, o que é justamente o tema desta expressão. Quem está sob pressão está em estado de tensão permanente, que o predispõe a realizar qualquer atividade com espírito empreendedor a todo momento.

○ Doch gerade Menschen, die unter der Woche stark **unter Dampf stehen**, tun sich oft schwer damit, ihre Freizeit am Wochenende zu gestalten.

viel um die Ohren haben
estar enrolado, atarefado

"Ter muito ao redor das orelhas (*Ohren*)" significa ter muitas coisas para fazer, estar muito atarefado (sem especificar as tarefas, mas supondo certo acúmulo delas: trabalho, questões domésticas, e-mail, Facebook e outras escravidões modernas).

○ Es tut mir furchtbar leid, dass ich deinen Geburtstag vergessen habe, ich **habe** momentan einfach zu **viel um die Ohren**.

VOLLE KANNE

QUANTIDADES

aproximadamente

hin oder her
mais ou menos, por aí

Esta locução normalmente indica que, para as quantidades em questão, outra é insignificante e não é necessário levá-la em consideração.

○ Fünfzig Euro **hin oder her**, das ist doch auch schon egal bei dem Preis.

Pi mal Daumen
*a olho,
no olhômetro,
mais ou menos*

Esta expressão é usada para tratar de uma soma aproximada, como se medíssemos com o polegar e multiplicássemos o total por 3,14159265358979323846...

○ Die Kosten für den Umzug werden so **Pi mal Daumen** 1000 Euro betragen.

um den Dreh (herum)
mais ou menos, por aí

Expressão coloquial com o significado de "aproximadamente". A palavra *Dreh*, que significa na realidade "truque" ou "artimanha", está relacionada ao verbo *drehen* ("girar"). Na linguagem gestual, costumamos girar a mão com movimentos rápidos de meia-volta para expressar que algo nos parece aproximadamente a quantidade indicada.

○ Ich kann mich nicht mehr genau daran erinnern, ob der Pulli jetzt 20 oder 30 Euro gekostet hat, aber bestimmt so **um den Dreh herum**.

muito

alles, was das Herz begehrt
tudo que se pode imaginar

"Tudo que o coração (*Herz*) anseia" alude a tudo aquilo que uma pessoa pode desejar e costuma ser usada quando se fala de uma oferta muito variada e para todos os gostos.

○ In der Innenstadt bieten Hunderte von kleinen Geschäften in einem faszinierenden Durcheinander praktisch **alles** an, **was das Herz begehrt**.

aus / nach Leibeskräften
com todas as forças

Leibeskraft significa "força física". Nesta expressão, indica o uso de todas as forças de que alguém dispõe.

○ Das Mädchen schrie **aus Leibeskräften**, als es von seiner Mutter fortgezogen wurde.

aus allen Nähten platzen
estar explodindo, saindo pelo ladrão

"Explodir por todas as costuras (*Nähte*)" aqui se aplica àquilo que não pode conter mais nada em seu interior por estar muito cheio. (Veja também página 18.)

○ Ich muss einmal wieder meinen Kleiderschrank ausmisten, der **platzt aus allen Nähten**.

den Vogel abschießen
bater o recorde (irônico) ou ser bem-sucedido

"Atirar no pássaro (*Vogel*)" indica que alguém obteve o maior sucesso possível em algo. A imagem tem origem nas competições de tiro. O alvo era uma gaiola com um pássaro de madeira em cima, e o ganhador era quem o derrubasse com um tiro. Muitas vezes a expressão é usada em tom jocoso e irônico, quando alguém estabelece um recorde negativo.

○ Mit seinen 30 Fehlern im Aufsatz **hatte** Martin **den Vogel abgeschossen**.

erst recht
tanto mais, ainda mais agora, mais do que nunca

Expressão que reafirma uma atitude e a intensifica, quando o esperado pelo contexto seria o contrário. Ao estilo de "ainda mais agora...".

○ Nachdem der Schüler von der Lehrerin ermahnt wurde, leise zu sein, hat er **erst recht** laut geredet.

in Hülle und Fülle
de monte, em grande quantidade

As palavras *Hülle* ("invólucro, capa") e *Fülle* ("abundância") no alemão antigo faziam referência à roupa e a comida; ou seja: ter bastante do indispensável para viver. No alemão moderno, esta expressão é uma rima muito popular para expressar abundância.

○ Arbeit gab es in dieser Firma **in Hülle und Fülle**, wie ich leider bald feststellen musste.

nach Strich und Faden
totalmente

Strich significa "linha" e *Faden* é "fio". Esta expressão, procedente da linguagem dos tecelões, cristalizou-se no alemão moderno como uma locução fixa que intensifica a ação da qual se fala.

○ Endlich hat Andrea ihren Freund verlassen. Er hat sie ja **nach Strich und Faden** betrogen.

volle Kanne
a mil, com toda força

Esta locução é usada para demonstrar de modo exagerado que algo foi tão forte que ultrapassou os limites da dureza, da força etc. Seu elemento principal é o adjetivo *voll* ("cheio", "completo"), que se combina com um substantivo, neste caso *Kanne* ("jarro"), para dar mais força ao adjetivo.

○ Ich habe mir gestern **volle Kanne** den Kopf gestoßen. Jetzt habe ich natürlich eine riesige Beule.

wie (die) Sau
demais, muito

"Como a porca" é uma expressão vulgar que significa "intensamente", "em grau extremo". *Sau* pode ser usado como prefixo intensificador em adjetivos (*saugeil*, "muito legal", "superlegal") ou como prefixo pejorativo em substantivos (*Sauwetter*, "tempo horrível" ou "de merda").

○ Gestern hat es bei uns geschneit **wie die Sau**. Ich musste erst einmal eine knappe Stunde mein Auto freischaufeln.

wie Sand am Meer
de monte, de montão

A expressão de origem bíblica "como a areia (*Sand*) no mar" dá ideia de algo incontável, incomensurável em quantidade.

○ Gute Filme gibt es **wie Sand am Meer**, aber ich habe einfach keine Zeit, sie alle anzuschauen.

pouco

es ist / herrscht gähnende Leere
totalmente vazio, sem vivalma

A expressão "reina um vazio (*Leere*) bocejante" é utilizada para indicar ausência absoluta tanto de pessoas quanto de coisas.

○ Ich würde ja gerne ins Kino mitkommen, aber in meinem Geldbeutel **herrscht gähnende Leere**.

in den Keller fallen
cair ao ponto mais baixo, desabar

"Cair no subsolo ou porão (*Keller*)" é uma expressão usada geralmente no contexto financeiro para indicar uma forte queda, por exemplo, em uma cotação na Bolsa. Trata-se da curva para baixo que caracteriza os vaivéns do capitalismo especulador e que está associada ao porão, ao nível mais baixo de uma casa.

○ Die Aktienkurse **sind** in dieser Woche **in den Keller gefallen**.

nicht die Welt sein
não ser nada do outro mundo

Expressão utilizada normalmente em relação aos preços, para indicar que uma quantidade não é excessiva, ou seja, que não é nada exorbitante nem do outro mundo (*Welt*).

○ 10 Euro Praxisgebühr **sind** ja eigentlich **nicht die Welt**, aber für viele Rentner schon fast unzumutbar.

um Haaresbreite / um ein Haar breit
por pouco, por um triz

Tanto em alemão quanto em português, é utilizada para indicar que algo não aconteceu (em sua vertente negativa) ou como se escapou de um perigo (na positiva) no último instante, pela espessura (*breit*) de um fio de cabelo (*Haar*); ou seja, por uma medida ínfima. Seria uma forma exagerada de expressar "faltou pouco para..." ou, de maneira menos expressiva, "quase".

- ○ Ich hatte vielleicht Glück gestern, **um Haaresbreite** konnte ich einem Hund ausweichen, der auf einmal auf die Autobahn gelaufen war.

und ein paar Zerquetschte
e pouco

Utilizada em relação ao dinheiro, esta expressão alude aos trocados, dinheiro miúdo (atenção: *zerquetschen* significa "esmagar").

- ○ Ich habe noch fünfzig Euro **und ein paar Zerquetschte** auf meinem Konto, hoffentlich reicht das bis Monatsende.

completamente

ganz und gar
absolutamente, totalmente

Esta forma adverbial não é redundante, mas expressiva, e obtém seu efeito graças aos dois elementos. Nas frases negativas, seria traduzida como "de jeito nenhum" ou "nada disso".

- ○ Der Arzt meinte, dieser Leberfleck gefalle ihm **ganz und gar** nicht. Deshalb wird er nächste Woche entfernt.

hinten und vorn
de jeito nenhum

Locução que literalmente significa "a parte de trás e a da frente" e adota o sentido de "de jeito nenhum" ou "de maneira nenhuma" em orações normalmente negativas.

- ○ Marie, wir müssen einfach mehr sparen, unser Geld reicht **hinten und vorn** nicht aus!

nichts anbrennen lassen
não arriscar nada, não perder nenhuma chance

Esta expressão significa, por um lado, não arriscar nada, e que se utiliza, por exemplo, ao falar de esportes. Em outro sentido, é uma locução coloquial cujo significado é "não ter nojo de nada"; ou seja, experimentar tudo e não perder nenhuma aventura sexual.

○ 1) Der FC Bayern will gegen Zürich **nichts anbrennen lassen** und geht trotz des 2:0-Sieges im Hinspiel mit allen Stammspielern an den Start.

2) — Schau dir mal Max an, wie er dieses Mädchen anmacht... das ist schon die Dritte heute Abend!
— Ja, er **lässt** wirklich **nichts anbrennen**!

von A bis Z
do início ao fim, de cabo a rabo

Da primeira à última letra do alfabeto; ou seja, por completo.

○ Ich habe mir die Enzyklopädie zur Geschichte Deutschlands **von A bis Z** durchgelesen.

von Kopf bis Fuß
da cabeça aos pés

No alemão, esta expressão é utilizada nos dois sentidos: o literal, ou seja, "de cima para baixo", e o figurado, cujo significado é "totalmente".

○ Als ich von der Arbeit nach Hause kam, stand schon das Essen auf dem Tisch, dazu ein guter Wein und Kerzenlicht. Mein Mann ist einfach **von Kopf bis Fuß** ein Romantiker.

von vorne bis hinten
de cabo a rabo

"De frente (*vorne*) para trás (*hinten*)" ou, em outras palavras, completamente.

○ Klaus und ich waren fürs Kino verabredet und er ist einfach nicht gekommen. Angeblich ist er eine Stunde lang in der S-Bahn steckengeblieben und hatte keinen Empfang ... Aber diese Ausrede war natürlich **von vorne bis hinten** erfunden.

ERSTE SAHNE

CARACTERÍSTICAS DAS COISAS

bom

ein Gedicht sein
ser um poema

Esta expressão é usada com sentido lisonjeiro para indicar que algo é maravilhoso, extraordinariamente bom ou bonito.

○ Wow, Andreas, du musst unbedingt diese Nachspeise probieren, sie **ist ein Gedicht**!

erste Sahne sein
*ser a nata,
pertencer à nata*

"Ser a primeira nata (*Sahne*)" é usado para aquilo que se encontra entre o mais seleto de sua categoria ou grupo, o melhor do melhor.

○ Hast du schon von dem neuen Master-and--Commander-Videospiel gehört? Das soll **erste Sahne sein**, habe ich gehört.

ruim

eher schlecht als recht
*não especialmente
bom, meio ruim*

"Mais ruim (*schlecht*) que bom" é usado quando algo se destaca por seus defeitos, não por suas qualidades. Um toque de ironia está frequentemente implícito para suavizar uma opinião tão arrasadora.

○ Ich habe heute mein erstes Zeugnis in meiner Ausbildung bekommen. Das war leider **eher schlecht als recht**.

im Eimer sein
estar um lixo, não servir para nada

"Estar na lixeira (*Eimer*)". Na verdade, a coisa ainda não está no cesto de lixo, mas em condições de ser jogada fora.

○ Ich brauche unbedingt einen neuen Computer, meiner **ist** total **im Eimer**.

unter aller Sau
péssimo, uma bosta

"De todas as porcas (*Sau*)" é uma expressão muito vulgar que enfatiza a péssima qualidade de alguma coisa. Uma expressão sinônima em registro um pouco mais formal é **unter aller Kritik** ou, em registro coloquial, mas não tão vulgar, **unter aller Kanone**.

○ Ich werde sofort meinen Internetanbieter wechseln, diese Download-Geschwindigkeit ist ja **unter aller Sau**!

moderno/antigo

frischer Wind
lufada de ar fresco, ânimo renovado

"Vento (*Wind*) fresco" alude ao renovado entusiasmo por alguma coisa, ao novo impulso em um projeto que talvez estivesse parado.

○ Mit der neuen Chefin ist endlich **frischer Wind** in die Firma gekommen.

out sein
out, fora de moda

Empréstimo do inglês (que também vale para o português) para indicar que algo já não está na moda; não é mais *in*, e sim *out*.

○ Mama, wie kannst du nur noch Schlaghosen anziehen? Die **sind** doch total **out**!

ZUM WOHL!

COMER E BEBER

comer

es sich schmecken lassen
bom apetite!, bom proveito!

"*Schmecken*" pode ter dois significados: "saborear algo" ou "estar gostoso". Mas esta expressão também pode ser traduzida como "deixar-se levar pelo sabor", posto que é um convite a saborear e aproveitar a refeição.

○ Dieser Apfelkuchen kommt gerade aus dem Ofen. **Lasst es euch schmecken!**

Hau(t) rein!
sirva(m)-se!, bom apetite

Exclamação utilizada normalmente pelo anfitrião para incentivar os convidados a começar a comer.

○ **Haut rein!** Es ist genug Schweinebraten für alle da.

jdm läuft das Wasser im Mund(e) zusammen
estar com água na boca, estar salivando

Sensação identificável por qualquer um, mesmo que nunca tenha ouvido falar do cão de Pavlov nem de reflexos condicionados. Perante um aroma ou visão agradável de um alimento, a secreção de saliva é quase a mesma de um cachorro que ouve a palavra "biscoito", depois de já ter relacionado a palavra com o petisco que seus donos lhe dão por ser bonzinho.

○ Mmmm, bei diesem guten Geruch **läuft mir** ja schon **das Wasser im Munde zusammen** ... Was gibt es denn zu essen?

jds Augen sind größer als der Magen
ter o olho maior que a barriga

"Os olhos de alguém são maiores que o estômago (*Magen*)" é utilizado quando alguém põe no prato uma quantidade de comida maior do que é capaz de comer.

○ Na, Hannes, da **waren deine Augen** mal wieder **größer als der Magen**, du hast dir viel zu viel auf den Teller getan.

nur / gerade einmal etwas für den hohlen Zahn sein
não tapa nem o buraco do dente

A sensação de que uma porção de comida é insuficiente para saciar a fome é exagerada em alemão: "não dá nem para tapar um molar oco (*hohl*)".

○ Schatz, hol mir doch bitte mehr Chips, diese Minitüte **war gerade mal was für den hohlen Zahn**!

sich den Bauch vollschlagen
comer até explodir, enfiar o pé na jaca

"Encher a barriga (*Bauch*)" tem o sentido claro de comer demais, ao ponto de precisar de sal de frutas ou um digestivo.

○ An Weihnachten **habe** ich mir so sehr **den Bauch vollgeschlagen**, dass mir danach schlecht war.

beber

auf dem Trockenen sitzen
não ter nada para beber

"Sentar em terra seca" aqui tem o sentido de não ter nada para beber. (Veja também nas páginas 64 e 109.)

○ Hannes, bestelle uns doch bitte noch zwei Bier an der Bar, **wir sitzen auf dem Trockenen**!

auf ex
de um gole só

Auf (regido de acusativo, neste caso) é a preposição utilizada nos brindes para celebrar algum sucesso ou uma boa notícia. As bebidas de elevado teor alcoólico (*Schnaps*) costumam ser tomadas *auf ex* (de um gole só), em copinhos pequenos.

○ Mensch, Anna, du solltest eigentlich wissen, dass man Schnaps immer **auf ex** trinkt!

bis oben hin voll sein
beber demais

Esta e as expressões a seguir têm a ver com o resultado de um consumo desmedido de bebidas alcoólicas. Aqui diz, literalmente, "estar cheio até em cima" e faz referência ao corpo como se fosse um barril ou um recipiente cheio de álcool até as sobrancelhas.

○ Ich glaube, wir sollten Peter nach Hause bringen, der **ist** ja **bis oben hin voll**! Nicht, dass ihm noch etwas passiert ...

blau sein
estar de porre, estar bêbado como um gambá

O azul (*blau*) serve, neste contexto, para designar a embriaguez. Parece que reflete a nuvem ou véu que o embriagado julga ver diante dos olhos, como a imagem dupla que costuma caracterizar comicamente os excessos etílicos.

○ Ich muss mich wirklich besser kontrollieren mit dem Alkohol. Ich hasse es, **blau zu sein**!

eine Flasche köpfen
abrir uma garrafa

"Decapitar uma garrafa" é a tradução literal desta locução utilizada para animar qualquer celebração com um brinde.

○ — Schatz, ich habe den Job!
— Toll!! Dann lass uns doch gleich **eine Flasche** Sekt **köpfen** und drauf anstoßen!

eine Runde schmeißen
pagar uma rodada

Em alemão, quando alguém quer convidar os amigos ou todos os presentes para uma bebida, diz "jogo uma rodada".

○ Jungs, ich **schmeiße eine Runde.** Was wollt ihr denn trinken?

einen Kater haben
estar de ressaca

Embora etimologicamente o *Kater* ("gato") da locução alemã proceda de *Katarrh* ("catarro"), a verdade é que na manhã seguinte a uma festa com muito álcool temos a sensação de que um gato está arranhando nossa cabeça por dentro.

○ — Ich habe fürchterliches Kopfweh heute Morgen und schlecht ist mir auch.
— Kein Wunder, dass du **einen Kater hast**, du hast ja gestern eine Flasche Wein ganz alleine ausgetrunken!

einen sitzen haben
tomar um porre, encher a cara

Esta versão abreviada de *einen Affen* ("macaco") *sitzen haben* tem procedência incerta e é usada de forma eufemística e informal para indicar a bebedeira de alguém.

○ Schau einmal den Markus an, der **hat** ganz schön **einen sitzen**, so wie der wankt.

im Wein liegt die Wahrheit
in vino veritas, no vinho está a verdade

"No vinho (*Wein*) está a verdade." De fato, a desinibição e as diferentes percepções das coisas que o álcool costuma causar fazem as pessoas soltar a língua mais do que de costume (mesmo meio enrolada).

○ Ich bin mir nicht sicher, ob ich das alles glauben kann, was Hannes gestern auf der Party gesagt hat. Aber **im Wein liegt** ja bekanntlich **die Wahrheit**.

sich zulaufen lassen
encher a cara, tomar todas

Esta expressão diz literalmente "encher-se de líquido", como se a pessoa se conectasse a uma mangueira e não existissem nem taças, nem tempo para beber com tranquilidade e juízo.

○ Als seine Freundin mit ihm Schluss gemacht hat, ist Hannes in die Kneipe gegangen und **hat sich zulaufen lassen**.

sternhagelvoll / sternhagelblau sein
estar bêbado como um gambá

Consequências de beber sem moderação e consideração com o próprio corpo.

○ Hast du schon gehört, was Petra passiert ist? Ihr Mann **war sternhagelvoll** und hat sie total verprügelt!

zu tief ins Glas geguckt / geschaut haben
fazer levantamento de copo, beber muito

"Ter visto muito o fundo do copo (*Glas*)" é um eufemismo utilizado para os bebedores incorrigíveis que, sem saber exatamente como, acabam ficando de porre.

○ Gestern hat Emil **zu tief ins Glas geguckt**, deshalb hat er heute einen schönen Kater.

zum Wohl(e)!
saúde!

Com o brinde *zum Wohl*, ou o mais coloquial *Prost* (do latim *prosit*, "para que assim seja"), selam-se os bons desejos ou augúrios às pessoas a quem se brinda ou ao motivo da celebração. O homenageado é anunciado com tão belo e alegre costume, precedido pela preposição *auf* (com regência acusativa).

○ Auf das Brautpaar! **Zum Wohl**!

LANGE REDE, KURZER SINN

CONVERSAÇÃO

ouvir e escutar

an jds Lippen hängen
beber as palavras de alguém

Expressão utilizada para dizer que se acompanha com muito interesse as declarações de uma pessoa. Esse interesse pode ultrapassar a admiração e chegar à devoção.

○ Helmut Schmidt hat ein langes Politikerleben hinter sich. So populär wie heute war der Altkanzler noch nie. Ein ganzes Land **hängt an seinen Lippen**, wenn er sich zu Wort meldet.

die Flöhe husten hören
ser um agoureiro

"Escutar as pulgas (*Flöhe*) tossindo" fala da extrema sensibilidade sensorial de uma pessoa. Isso pode significar que ela ou ele está sempre a par dos rumores e das últimas novidades, mas é usado especialmente para os pessimistas que fazem uma interpretação exagerada e agourenta de cada barulho que ouvem.

○ Mein Nachbar hat extrem Angst wegen seiner Gesundheit. Schon beim kleinsten Schnupfen **hört** er **die Flöhe husten**.

die Ohren spitzen
aguçar os ouvidos

"Afiar os ouvidos", isto é, "escutar com atenção". Esta frase pode ter origem na observação de alguns animais que erguem as orelhas quando percebem um som novo.

○ Als das Gesprächsthema meiner Vorgesetzten auf die zukünftigen Beförderungen fiel, **spitzte ich** sofort **die Ohren**.

ein offenes Ohr für jdn haben
ser um bom ouvido, saber escutar

Uma pessoa que tem boa predisposição para escutar os problemas dos outros e, se possível, ajudá-los é alguém que "tem um ouvido (*Ohr*) aberto".

○ Der Pfarrer **hat** immer **ein offenes Ohr** für die Probleme der Leute.

ganz Ohr sein
ser todo ouvidos

Esta expressão, idêntica nos dois idiomas, significa dar total atenção a alguém que fala ou escutá-lo com muito interesse.

○ Also, Anna, dann erzähl doch mal von deinem Urlaub, ich **bin ganz Ohr**.

sein eigenes Wort nicht verstehen können
não poder ouvir a própria voz

Fenômeno frequente nas baladas modernas. Talvez já não se dance agarradinho por esse motivo, afinal, por que falar no ouvido do parceiro de dança se ele ou ela não vai ouvir nem se gritarmos? Também acontece algo muito similar em certos bares e restaurantes, onde parece que há uma competição velada para expressar com muitos decibéis a felicidade etílica.

○ Gehen wir lieber raus aus der Disko, hier kann man ja **sein eigenes Wort nicht verstehen**!

sich Gehör verschaffen
fazer-se ouvir, fazer-se entender

Das Gehör significa "ouvido" e, em um sentido mais amplo, "atenção". Significa fazer o necessário para que a plateia preste atenção ao que será dito.

○ Der Professor musste **sich** zu Beginn der Vorlesung erst einmal **Gehör verschaffen**.

entender

bei jdm klingelt es
sacar, tocar-se, entender, cair a ficha

Usado no sentido de "finalmente entendi!", e a expressão brinca com a imagem de "tocar o sino (*Klingel*)" na pessoa quando a explicação se torna clara.

○ Ach, jetzt **klingelt es bei mir**! Endlich verstehe ich, was du meinst!

der Groschen ist bei jdm gefallen
entender, cair a ficha

"Caiu o *Groschen*" (moeda de dez *Pfennigs*, fração do antigo marco alemão, DM) significa finalmente entender alguma coisa. Faz alusão ao mecanismo das máquinas de venda automáticas que são acionadas quando introduzimos moedas no buraco.

○ Na, **ist** bei dir jetzt endlich **der Groschen gefallen**, oder soll ich's dir noch mal erklären?

jdm geht ein Licht auf
acender a luzinha, cair a ficha

Desde tempos imemoriais a luz está associada à compreensão. "Acender-se a luz (*Licht*) para alguém" significa compreender algo de repente. Também pode significar ter um *insight* ou uma ideia nova (de fato, *ideia* procede de ἰδέα, de *eidós*, "eu vi", e o olho humano precisa de luz para poder ver).

○ Als mir mein Vater den Zusammenhang erklärte, **ging mir ein Licht auf**.

não entender

aus etwas / jdm nicht schlau werden, aus etwas / jdm nicht klug werden
boiar, não entender nada, não cair a ficha

Esta frase coloquial de uso muito difundido diz literalmente: "não ficar sábio por causa de alguém"; ou seja, não saber como interpretar alguém ou não entender nada de um assunto.

○ Aus dem Wirrwarr bei den Tarifen **werde ich nicht schlau**. Ich denke, ich rufe die Hotline an und frage nach.

das ist mir zu hoch
não me entra na cabeça, é demais para meu cérebro

"Isso é elevado (*hoch*) demais para mim" expressa a incapacidade de entender determinado assunto. Normalmente se refere a uma limitação intelectual.

○ Könntest du mir das bitte noch einmal genauer erklären? **Das ist mir zu hoch**.

den Wald vor lauter Bäumen nicht sehen
as árvores nos impedem de ver o bosque

Expressão que indica a incapacidade de uma pessoa de reconhecer o imediato, o mais próximo, porque existem possibilidades demais ou porque repara excessivamente nos detalhes.

○ Schau, hier liegt doch der Zettel, den du suchst, du **hast** mal wieder **den Wald vor lauter Bäumen nicht gesehen**!

etwas in die falsche Kehle / in den falschen Hals kriegen / bekommen
aborrecer-se com um mal-entendido

"Receber algo pela garganta (*Kehle*) errada (*falsch*)" significa entender mal alguma coisa e se aborrecer sem motivo. A expressão alude ao momento desagradável em que, ao comer alguma coisa, ela entra pelo canal errado e engasgamos.

○ Ich hoffe, du **hast** meinen Kommentar von vorhin nicht **in den falschen Hals bekommen**, ich habe es nicht böse gemeint.

jdm das Wort im Munde herumdrehen / verdrehen
distorcer as palavras de alguém, interpretar mal

"Girar a palavra de alguém na boca (*Mund*)" significa interpretar mal e acabar distorcendo as declarações de alguém ao ponto de afirmar o contrário do que foi declarado na realidade. Pode ser tanto por maldade como por incompetência.

○ Inzwischen sagt Ernst gar nichts mehr zu diesem schwierigen Thema, weil er Angst hat, dass ihm wieder **das Wort im Munde herumgedreht** wird.

nur Bahnhof verstehen
boiar, não entender nada

"Entender só a palavra 'estação' (*Bahnhof*)." Parece que os soldados alemães, durante a Primeira Guerra Mundial, aturdidos pela guerra de trincheiras (e pelo álcool), só tinham ouvidos para a palavra *Bahnhof*, a palavra mágica que os levaria de volta para casa.

○ Vielleicht sollte die Professorin ihre Vorlesung etwas langsamer gestalten, da **versteht** man ja **nur Bahnhof**.

jdm spanisch vorkommen
parecer grego

"Parecer espanhol (*Spanisch*)" é o que os alemães dizem para algo que não entendem. A expressão remonta aos tempos de Carlos I de Espanha e V da Alemanha. O soberano introduziu nas cortes do Sacro Império Romano Germânico muitas expressões e costumes espanhóis que os habitantes desses lugares desconheciam e lhes eram totalmente estranhas. Essa estranheza passou a designar qualquer assunto ininteligível.

○ Andreas Verhalten am Montag **kommt mir spanisch vor**. Sie ist doch sonst nicht so zickig.

concluir

das Ende vom Lied
final frustrante

"O final da canção (*Lied*)" alude ao final, geralmente triste e melancólico, das canções populares, e é utilizado quando algo acaba de uma maneira decepcionante.

○ Hanno probierte gerne mit Drogen herum. **Das Ende vom Lied** war, dass er an einer Überdosis fast gestorben wäre.

im Großen und Ganzen
em geral, em termos gerais

"Em grande e em total" significa "em termos gerais", contemplando o assunto de que se fala em seu conjunto.

○ **Im Großen und Ganzen** lief mein Vortrag gut, ich habe nur etwas zu schnell geredet.

lange Rede, kurzer Sinn
langer Rede kurzer Sinn
resumindo, em poucas palavras, para abreviar

"Muita fala, mas pouco sentido" exorta a extrair as conclusões ou os pontos importantes depois de uma longa conversa sobre algum assunto, ou simplesmente autoriza a ser mais específico, mesmo que com isso a pessoa possa parecer direta e brusca.

○ Ich könnte dich jetzt noch stundenlang umschmeicheln, aber, **lange Rede, kurzer Sinn**, wollen wir am Samstag zusammen ausgehen?

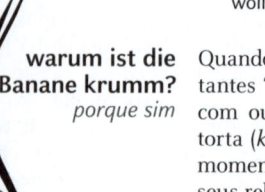

warum ist die Banane krumm?
porque sim

Quando os pais alemães se cansam dos constantes "por quê?" de seus filhos, respondem com outra pergunta: "Por que a banana é torta (*krumm*)?" e, assim, dão por encerrada momentaneamente a sessão inquisitória de seus rebentos.

○ — Mama, warum haben Vögel Flügel?
— Warum, warum. **Warum ist die Banane krumm?**

KNAPP BEI KASSE

DINHEIRO

caro ou barato

ein Vermögen kosten
custar uma fortuna,
custar os olhos da cara

Com *Vermögen* se alude ao patrimônio. Esta expressão é idêntica à sua versão em português "custar uma fortuna".

○ Wir haben uns vor kurzem ein sehr schönes Pflegeheim für meine Mutter angesehen, aber leider **kostet** das **ein Vermögen**.

eine Stange Geld kosten
custar um dinheirão,
custar os olhos da cara

Expressão sinônima à anterior, mas com um registro mais coloquial. *Stange* significa "barra", "pau" e alude à grande inflação da época entreguerras, quando as pessoas tinham de carregar uma barra de ouro ou qualquer outro objeto de valor para comprar o mais elementar.

○ Dieser Computer **kostet eine Stange Geld**, aber er ist einfach einer der Besten auf dem Markt.

ins Geld gehen
acabar ficando caro

A expressão coloquial "ir ao dinheiro (*Geld*)" significa que certo gasto vai aumentando e, no final, acaba saindo caro, mesmo que o custo original não parecesse relevante.

○ Letzte Woche war mein Sohn schon wieder auf einem Schulausflug und die Woche davor auch. Das **geht** langsam ganz schön **ins Geld**.

keinen Pfifferling wert sein
não valer um tostão
não valer nada

"Não valer um cantarelo (*Pfifferling*)" destaca o pouco valor que algo poderia ter. Na sonoridade da palavra *Pfifferling* recai toda a ênfase da expressão.

○ Deine Münzsammlung **ist** doch **keinen Pfifferling** mehr **wert**, die kannst du ruhig wegschmeißen.

nicht die Welt kosten
ser baratinho

Expressão aumentativa para incentivar alguém a pôr a mão no bolso e, de quebra, curar-se momentaneamente do vício da avareza. "Não custar o mundo (*Welt*)" é a tradução literal da frase alemã.

○ Sei nicht so geizig und kauf dir endlich einen Computer, der **kostet** doch **nicht die Welt**!

gastar

das Geld zum Fenster hinaus werfen / hinaus schmeißen
desperdiçar

Com esta expressão, "jogar dinheiro pela janela", os alemães indicam o desperdício de dinheiro.

○ Die Müllers haben sich schon wieder einen neuen Fernseher gekauft! Jetzt haben sie vier! Wie kann man nur so **sein Geld zum Fenster hinaus schmeißen** ...

jdm auf der Tasche liegen
viver às custas de alguém,
ser um encostado

Aquele que não tem independência econômica é castigado em alemão com esta expressão pejorativa. "Ter alguém em cima da carteira (*Geldtasche*)" alude aos espertinhos parasitas do dinheiro alheio.

○ Ich arbeite neben dem Studium als Verkäuferin, um meinen Eltern nicht unnötig **auf der Tasche** zu **liegen**.

jdm das Geld aus der Tasche ziehen
passar a perna em alguém, enganar

Em alemão, para expressar o logro ou a venda de algo de que não se precisa somente para tirar vantagem, diz-se: "tirar o dinheiro do bolso (*Tasche*) de alguém".

○ Viele Autowerkstätten sind darauf spezialisiert, ihren Kunden mit unnötigen Reparaturen **das Geld aus der Tasche zu ziehen**.

tief in die Tasche / in den Beutel / in die Kasse greifen müssen
enfiar a mão no fundo do bolso

Quando é preciso reunir uma grande quantidade de dinheiro, a pessoa "tem que enfiar a mão no fundo do bolso (*Tasche*)" para pegar até a última moedinha.

○ Wer im Zentrum von München ein schickes Apartment mieten möchte, **muss tief in die Tasche greifen**.

não ter dinheiro

pleite sein
estar duro, estar sem um tostão

Pleite machen, pleitegehen
quebrar, falir

Expressão coloquial de tom bem-humorado utilizada em sentido figurado para pessoas que estão momentaneamente sem dinheiro, como se tivessem declarado falência (*Pleite*) ou moratória, como uma empresa. Note que esse sentido figurado é expresso pelo adjetivo (*pleite*) e, no literal, utiliza-se o substantivo (com maiúscula).

○ 1) Martin kann einfach nicht gut mit Geld umgehen, jetzt haben wir gerade einmal Monatsmitte und er **ist** schon wieder **pleite**.

2) Die Firma Huber hatte schon das letzte Jahr über nur Verluste und jetzt **hat** sie endgültig **Pleite gemacht**.

auf dem Trockenen sitzen
estar duro, estar sem um tostão

O significado de "sentar em terra seca" é não ter dinheiro nem para comprar uma cervejinha. (Veja também páginas 51 e 109.)

○ Andrea, kannst du mir bis nächste Woche hundert Euro leihen? Ich **sitze** absolut **auf dem Trockenen** ...

blank sein
estar liso, duro, sem um tostão

Expressão muito similar nos dois idiomas que significa não ter dinheiro. As línguas românicas tomaram esse empréstimo das germânicas.

○ — Gehen wir morgen ins Kino?
— Nein, geht nicht, ich **bin** total **blank**.

jdn / sich über Wasser halten
ir levando, segurando as pontas

Literalmente significa "manter-se acima da água (*Wasser*)"; ou seja, segurar as pontas, mesmo com grandes dificuldades, principalmente financeiras.

○ Die Familie **hielt sich** mit mehreren Minijobs **über Wasser**.

knapp bei Kasse sein
andar apertado, estar duro, com a grana curta

"Estar com o caixa (*Kasse*) quase vazio" alude ao que se conhece como "liquidez" no jargão dos economistas. Significa estar sem dinheiro vivo, na mão.

○ Ich kann diese Woche leider nicht mit euch zum Essen gehen, ich **bin knapp bei Kasse**.

ter dinheiro

auf eigenen Füßen / Beinen stehen
valer-se por si mesmo, ser independente

Quando a pessoa "está sobre os próprios pés (*Füße*), ou sobre as próprias pernas (*Beine*)", não precisa de outros para se manter (não só em pé), e disso se conclui que é autônoma. A frase é utilizada também no sentido de "ser solvente" economicamente.

○ Das Ziel aller Eltern ist es schließlich, dass ihre Kinder einmal **auf eigenen Beinen stehen** können.

Geld wie Heu haben
estar cheio da grana, estar forrado

Esta expressão indica que, quando a pessoa "tem dinheiro como se fosse palha (*Heu*)", dá a ele o mesmo valor (ou seja, nenhum) e o guarda e gasta da mesma maneira (guarda-o em um celeiro e o usa para alimentar as vacas); isto é, de qualquer jeito.

○ Westerwelle beteuerte 2009 noch, der Staat **habe Geld wie Heu** und gäbe es nur für die falschen Dinge aus.

im Geld schwimmen
nadar em dinheiro

A hipérbole "nadar (*schwimmen*) em dinheiro" expressa, assim como seu homólogo em português, a posse de grande quantidade de dinheiro.

○ Hast du schon das neue Auto von Andreas gesehen? Er **schwimmt** ja anscheinend **im Geld**!

OHNE WENN UND ABER

DÚVIDAS E PERGUNTAS

die Qual der Wahl haben
escolher é difícil

"O martírio (*Qual*) das opções (*Wahl*)" alude à dificuldade gerada pela tomada de determinadas decisões. No mundo da abundância em que vivemos hoje, esse é um dos maiores males.

○ Mensch, es laufen gerade fünf verschiedene Filme im Fernsehen, und alle zur gleichen Zeit. Da hat man wirklich **die Qual der Wahl**, ich weiß wirklich nicht, welchen ich mir ansehen soll.

Löcher in den Bauch fragen
crivar de perguntas

"Perguntar fazendo buracos (*Löcher*) na barriga" é uma hipérbole com a qual se expressa a sensação de ser alvo de uma quantidade interminável de perguntas.

○ Mein Sohn ist jetzt in der typischen Phase, in der er alles wissen will und uns **Löcher in den Bauch fragt**.

ohne Wenn und Aber
sem "mas"

Sem condições (*wenn*, "se") nem objeções (*aber*, "mas"). Nada mudará a decisão.

○ Bei unserer Bank bekommen Sie Ihren Kredit ohne **Wenn und Aber**.

KOPF HOCH!

EMPATIZAR

incentivar

die Ohren steifhalten
ânimo!

"Manter as orelhas (*Ohren*) duras" é uma expressão normalmente usada no imperativo para incentivar alguém a ficar esperto e a enfrentar as adversidades da vida. É indicada para um amigo que está contando suas desgraças, mas também pode ser usada para desejar boa sorte a quem vai viajar ou começar uma aventura.

○ **Halt die Ohren steif**, es kommen bestimmt wieder bessere Zeiten.

keine Sorge!
mach dir keine Sorgen!
não se preocupe!,
fique tranquilo

Interjeição coloquial utilizada para tranquilizar, como "deixe que eu cuido de tudo", "deixe comigo".

○ — Schatz, ich muss morgen Abend weg. Kannst du dich um die Kinder kümmern oder soll meine Mutter kommen?
— **Keine Sorge**, ich bekomme das schon alleine hin.

Kopf hoch!
ânimo!,
levante a cabeça!

"Cabeça para cima!", diz esta interjeição para dar ânimo diante de tantas adversidades que a vida nos apresenta e nos faz baixar a cabeça. Por sorte, há sempre uma voz amiga para nos reconciliar com quase tudo e nos recolocar no lugar.

○ Ach, Andi, **Kopf hoch**! Es gibt doch noch so viele andere hübsche Frauen! Du findest bestimmt bald wieder eine Freundin.

mach dir nichts draus!
não se preocupe!, não esquente a cabeça com isso!

Locução que incita a não se deixar abater por uma adversidade. Note que nesta expressão a forma pronominal reflexiva é sempre dativa.

○ — Die Mathearbeit gestern war echt total schwer, ich bin mir sicher, dass ich eine superschlechte Note bekomme!
— **Mach dir nichts draus**, dann schreibst du eben bei der nächsten Arbeit eine gute Note.

sich nicht so anstellen
deixar de frescura, deixar de mimimi

Sich anstellen, neste contexto, significa "fazer melindre", ou seja, queixar-se de tudo ou ser apreensivo por qualquer coisa. Na locução negativa recomenda-se justamente não exagerar e parar com isso.

○ — Mama, mein Knie tut so weh!
— Jetzt **stell dich nicht so an**, das ist doch nur eine kleine Abschürfung!

sich nicht so haben
que bobagem, não fique assim!

Construção com negação utilizada para incentivar uma pessoa que deixou de ser a mesma porque foi afetada por uma decepção que o interlocutor considera menor.

○ Nun **hab dich nicht so**! Heulen wegen einer Frau! Die hast du doch in einem Monat bestimmt schon wieder vergessen.

Trost spenden
consolar, oferecer consolo

O verbo *spenden* costuma ser utilizado no âmbito da doação, como em *Blut spenden*, que significa "doar sangue", por exemplo. Neste caso, o que se oferece é consolo (*Trost*).

○ Der Trauerspruch am Grab soll den Angehörigen **Trost spenden** und sie an den Verstorbenen erinnern.

sentir

etwas nicht übers Herz bringen
ter escrúpulos, não ter coragem para algo

"Não passar pelo coração (*Herz*)" significa não ter coragem ou ser incapaz de fazer algo contrário ao que a pessoa sente.

○ Eigentlich wollten wir unseren Hund ja weggeben, aber ich **bringe es nicht übers Herz**.

jdm unter die Haut gehen
mexer com a pessoa, tocar fundo, emocionar, tocar a alma, tocar o coração

"Ir sob a pele (*Haut*)" significa emocionar profundamente. Enquanto na expressão brasileira algo toca o coração, em alemão basta que transpasse a pele.

○ Dieser Film über die krebskranken Kinder **ist** mir sehr **unter die Haut gegangen**.

nicht aus Holz sein
não ser um robô, não ter coração de pedra

"Não ser de madeira (*Holz*)" quer dizer que alguém tem sentimentos e reage com a sensibilidade de um ser humano (e não como um pedaço de madeira ou uma pedra).

○ Du kannst dem Chef von deinen Problemen mit den Kindern erzählen, er versteht das bestimmt, er **ist** ja **nicht aus Holz**.

SCHLUSS MIT LUSTIG

COMEÇAR OU ACABAR

começar

aller Anfang ist schwer
o começo é sempre difícil

Esta expressão é usada para motivar alguém a não se deixar vencer. Recorda-nos que quem quer iniciar uma atividade primeiro tem de superar uma série de dificuldades. Como diz o ditado: "a viagem de milhares de quilômetros começa com um simples passo".

- — Mama, ich will nicht eislaufen lernen, ich falle ständig hin!
  — Kind, keine Sorge, **aller Anfang ist schwer**. Aber du wirst sehen, in ein paar Tagen klappt es super.

auf geht's!
vamos!,
mexa-se!

Nesta exclamação há uma ordem velada para que a pessoa se levante e comece imediatamente a fazer o que tem de fazer.

- **Auf geht's** zum Skifahren!

auf los geht's los!
vamos, vamos que
é para hoje!

Esta expressão é sinônima à anterior, mas com um tom mais jocoso.

- Sind wir alle fertig? Na dann, **auf los geht's los!**

COMEÇAR OU ACABAR

das Pferd beim Schwanz / von hinten aufzäumen
fazer as coisas ao contrário

"Embridar o cavalo (*Pferd*) pela cauda (*Schwanz*)" tem o claro sentido de começar as coisas ao contrário de como se deveria começar.

○ Diese Maßnahmen wären verfrüht und würden bedeuten, dass wir **das Pferd von hinten aufzäumen**.

den Stein ins Rollen bringen
desencadear algo, lançar os dados

"Pôr a pedra (*Stein*) para rolar" é usado no sentido de dar início a algo para que depois siga adiante sozinho.

○ Wir hoffen, mit dieser Spendenaktion **den Stein ins Rollen gebracht** zu haben und andere dazu ermuntert zu haben, weitere Aktionen zu starten.

es war einmal ...
Era uma vez...

Início indispensável para qualquer apaixonado por histórias infantis e contos de fadas (*Märchen*) que se preze. Senão, como adentrar o mundo da imaginação ilimitada de final feliz garantido?

○ Ein Märchen wollt ihr hören? Dann hört gut zu: **Es war einmal** eine wunderschöne Prinzessin, ...

etwas auf die Beine stellen
pôr algo em pé

"Pôr algo sobre as pernas/patas (*Beine*)" tem o sentido de organizar algo de maneira surpreendente ou digna de admiração, pelo pouco tempo empregado ou pelos resultados obtidos.

○ In nur vier Wochen hat die Klasse von meinem Sohn ein tolles Theaterstück **auf die Beine gestellt**, das jetzt sogar deutschlandweit aufgeführt werden soll.

etwas parat haben
ter sempre algo à mão

A palavra *parat* desta expressão provém do latim e significa "ter preparado".

○ Martin **hat** immer einen coolen Spruch **parat**.

fix und fertig
estar pronto,
estar preparado

Locução coloquial e de uso muito habitual para expressar que algo ou alguém está pronto para fazer alguma coisa. Veja também na página 79.

○ Ich wartete schon **fix und fertig** vor der Tür auf meine Freundin.

in den Kinderschuhen stecken
estar cru, estar no começo

Quando um projeto acabou de começar e ainda não chegou a hora de apresentá-lo, os alemães dizem que "está com sapatos de criança (*Kinderschuhe*)".

○ Bitte sag keinem etwas davon, das ganze Projekt **steckt** noch **in den Kinderschuhen**.

los geht's!
vamos!,
mexa-se!

Exclamação com a qual se incita a começar rapidamente uma atividade. O *'s* corresponde à abreviação comum na linguagem informal do pronome *es*: *es geht los!*.

○ Kommt, Kinder, **los geht's**!

schieß los!
fale!,
desembuche!

"Atire!" é uma interjeição com a qual se incita a começar a falar sobre determinado assunto. *Los* é um prefixo que indica o começo da ação e pode se antepor a quase todos os verbos com o significado de "começar a".

○ — Martin, ich müsste dich um etwas bitten.
— **Schieß los**, mal sehen, was ich machen kann.

und ab geht die Post!
vamos, vamos!
mexa-se!

"E já vai o correio (*Post*)" incita a apressar o início de uma atividade. Atenção: não confundir com *da geht die Post ab* (veja a página 159).

○ So, Jungs, **und ab geht die Post**! Sonst kommen wir noch zu spät.

acabar

alles hat ein Ende, nur die Wurst hat zwei
tudo acaba

"Tudo tem um final, só a salsicha tem dois" é uma expressão jocosa para indicar que tudo tem de acabar em algum momento; até mesmo o *Bratwurst* acaba por uma das pontas.

○ So, langsam sollten wir uns auf den Weg nach Hause machen, auch wenn es noch so schön ist. **Alles hat ein Ende, nur die Wurst hat zwei.**

der Anfang vom Ende
o começo do fim

Esta expressão, que parece proceder de uma citação completamente deturpada da obra *Sonho de uma noite de verão*, de Shakespeare marca o ponto de inflexão de um fato: agora começa o fim.

○ In der Nacht vom 12. auf den 13. Oktober ließ König Philipp von Frankreich alle Templer verhaften. Dies war der **Anfang vom Ende** des Templerordens in Europa.

einen Schlusspunkt unter / hinter etwas setzen
pôr um ponto-final

Schlusspunkt, "ponto-final". De modo contundente assim se encerra um capítulo, ou um assunto desagradável ou que foi causa de mau humor e disputas.

○ Wenn Sie, sehr verehrte Abgeordnete, damit einverstanden sind, werden wir einen **Schlusspunkt** unter diese langjährige Diskussion **setzen** und uns dem nächsten Thema widmen.

einen Schlussstrich unter etwas ziehen
virar a página

Frase de sentido similar à anterior, mas agora em vez do ponto (*Punkt*) temos a linha ou traço (*Strich*) como protagonista para acabar de uma vez por todas com algo incômodo ou irritante.

○ Habe ich dir schon erzählt, dass ich Andreas noch eine Chance geben will? Wir wollen nun endlich **einen Schlussstrich** unter die Sache mit seiner Affäre **ziehen** und neu anfangen.

Ende gut, alles gut
tudo fica bem quando acaba bem

Se o final (*Ende*) é feliz, está tudo bem, e já não importam as dificuldades sofridas para chegar a ele.

○ Die Verhandlungen waren langwierig und schwer, aber, **Ende gut, alles gut**, der Vertrag ist nun unterschrieben.

es ist noch nicht aller Tage Abend, noch ist nicht aller Tage Abend
ainda não acabou, nem tudo está perdido

"Ainda não chegou a noite (*Abend*) de todos os dias" aparece na literatura clássica latina e expressa que nem tudo está perdido, o final de um assunto continua em aberto. A expressão é usada para infundir esperança, por exemplo, em uma situação aparentemente irremediável.

○ — Ich bin mir sicher, dass mich der Chef nach dem gravierenden Fehler letzte Woche feuert.
— Warte doch erst einmal ab, **noch ist nicht aller Tage Abend**.

etwas an den Nagel hängen
pendurar as chuteiras

"Pendurar algo no prego (*Nagel*)" significa abandonar uma atividade profissional ou, por extensão, outra coisa. O "prego" da sentença alude aos pregos das oficinas em que se penduram as ferramentas quando não serão mais usadas.

○ Die Ärztin **hängte** ihren Job **an den Nagel**, um sich ganz ihrer Familie zu widmen.

etwas aus dem Verkehr ziehen
tirar do caminho, do mercado, de circulação; descontinuar

"Tirar do trânsito/circulação (*Verkehr*)" é uma metáfora de origem automobilística. Assim como o departamento de trânsito pode proibir a circulação de um veículo por questões de segurança, uma empresa pode retirar do mercado um produto para lançar um novo, ou delinquentes podem se "livrar de alguém" que interfira e discorde de seus interesses.

○ Die Grünen wollen nun alle Motorroller **aus dem Verkehr ziehen**, um die Luftqualität zu verbessern.

etwas zu den Akten legen
encerrar o assunto, pôr um ponto final

Akten, "arquivar", tem o sentido de dar um assunto por encerrado.

○ Da alle politischen Parteien für den Aktionsplan stimmten, konnte die Angelegenheit **zu den Akten gelegt werden**.

Schluss mit lustig (sein)
acabou a brincadeira, acabou

Frase coloquial para indicar que algo está definitivamente concluído.

○ Bei der gemütlichen Kaffeepause im Büro kommt der Chef:
— So, meine Herren, jetzt **ist** aber **Schluss mit lustig**! Ab an die Arbeit!

sein Amt niederlegen
demitir-se, pedir as contas, abandonar, aposentar, pendurar a batina

Amt significa "cargo", mas nesta locução costuma se referir a um cargo público ao qual a pessoa deve renunciar quando vem à tona um caso de corrupção. Porém, sempre há quem se faça de surdo ou de desentendido.

○ Nach dem Sexskandal musste der Ministerpräsident Bayerns **sein Amt niederlegen**.

sich im Sande verlaufen
cair no esquecimento,
ser levado pelas ondas

Quando algo "escorre na areia (*Sand*)", vai desaparecendo pouco a pouco até cair no esquecimento.

○ — Wolltet ihr nicht einmal ein Haus kaufen?
— Schon, aber nach Annettes Krankheit **hat sich das alles im Sande verlaufen**.

... und wenn sie nicht gestorben sind, dann leben sie noch heute
e foram felizes para sempre

Eis a fórmula imprescindível para quebrar o feitiço que nos devolve à dura realidade com o fim da narração de um conto de fadas.

○ — Mutti, was ist danach geschehen?
— **...Und wenn sie nicht gestorben sind, leben sie noch heute**.

unter Dach und Fach (sein / bringen)
terminar alguma coisa

Esta expressão procedente da linguagem da construção (*Dach*, "telhado", e *Fach* se referem aqui às paredes das casas de campo do norte da Alemanha que devem ser preenchidas com tijolo e argamassa) indica que algo foi finalizado, assim como uma casa na qual já se pode morar.

○ Das neue Anti-Tabak-Gesetz **ist** nun endlich **unter Dach und Fach**.

AUF ACHSE

ENERGIA OU CANSAÇO

energia

auf Achse sein
não parar

Esta expressão significa estar sempre em movimento, seja em viagem ou na vida cotidiana. É usada para pessoas que param poucas vezes em casa e que a concebem mais como lugar para dormir do que outra coisa. *Achse* significa "eixo" e se refere aos eixos dos veículos.

○ Im Urlaub **waren** wir zwei Wochen lang ohne Pause **auf Achse**. Jeden Tag war ein anderer Ausflug angesagt, das war teilweise etwas anstrengend.

Berge versetzen (können)
mover montanhas

Esta hipérbole otimista, com as montanhas (*Berge*) ao fundo, remonta à expressão bíblica: "a fé move montanhas". Tem a ver com essa magnífica sensação que experimentamos quando nos sentimos capazes de fazer qualquer coisa, por mais impossível que pareça.

○ Ich bin heute mit solcher Energie aufgewacht, dass ich **Berge versetzen könnte**.

Himmel und Hölle in Bewegung setzen
mover céus e terra

"Pôr céu e inferno em movimento (*Hölle*)" significa utilizar todos os meios de que se dispõe para conseguir algo.

○ Ich musste **Himmel und Hölle in Bewegung setzen**, um diesen Job zu bekommen.

cansaço

alle viere von sich strecken
espreguiçar-se

Como fazem os cães e os gatos quando se espreguiçam, "esticar (*strecken*) os quatro" é uma expressão coloquial que significa esticar pernas e braços, desintumescer o corpo todo, relaxar e, quem sabe, adormecer.

○ Nach der langen Wanderung legte er sich ins Gras, **streckte alle viere von sich** und schlief ein.

die Luft ist raus
ficar sem fôlego

Literalmente "estar sem ar (*Luft*)" seria ficar sem fôlego, sem energia, como um balão esvaziado; perder toda a vitalidade e até mesmo a essência (quando se fala de coisas).

○ Bei Andreas und mir **ist** irgendwie **die Luft raus**. Vielleicht sollten wir über eine Trennung nachdenken.

eine Mütze voll Schlaf
cochilada, pestana, soneca

Expressão coloquial sinônima de *ein Nickerchen machen* (tirar uma soneca), "um chapéu (*Mütze*) cheio de sono" se refere àquela dormidinha reparadora depois de realizar uma atividade específica. Com o termo *Schlafmütze*, que era o gorro utilizado antigamente para dormir, alude-se também aos dorminhocos de plantão.

- Nach diesem anstrengenden Morgen brauche ich erst einmal **eine Mütze voll Schlaf**. Am Nachmittag mache ich dann weiter.

fix und fertig, fix und foxi
estar só o pó, estar acabado

Estas duas locuções coloquiais têm o mesmo significado: "estar absolutamente esgotado/cansado/exausto". A segunda é uma derivação da primeira e alude a dois famosos personagens de quadrinhos alemães: *Fix* e *Foxi*.

- Nach dem Fußballtraining kommt mein Sohn immer völlig **fix und fertig** nach Hause.

jdm raucht / qualmt der Kopf / der Schädel
estar com a cabeça soltando fumaça

Assim como em português, "sai fumaça pela cabeça (*Kopf*) de alguém" quando ele ou ela está há muito tempo ocupado(a) com algo que exige muita concentração ou quando rumina um assunto.

- **Mir raucht der Kopf**! Seit zwei Stunden versuche ich, die Steuererklärung zu machen, und es klappt einfach nicht!

sich aufs Ohr hauen / legen
deitar

"Deitar sobre a orelha (*Ohr*)" é uma imagem muito gráfica e coloquial para indicar que a pessoa vai se deitar para dormir.

- Nach dem Essen **haue** ich **mich** eine halbe Stunde **aufs Ohr**, danach arbeite ich weiter an meinem Buch.

sich die Nacht um die Ohren schlagen
passar a noite em claro

"Jogar a noite fora pelas orelhas (*Ohren*)" significa passar uma noite sem dormir, seja para estudar em cima da hora para uma prova, seja para ir de bar em bar.

- Ich bin total müde heute! Ich **habe mir** gestern **die Nacht um die Ohren geschlagen**, weil ich noch lernen musste.

DAS IST DOCH DIE HÖHE!

RAIVA OU SACO CHEIO

Irritar-se

(vor Wut) an die Decke gehen
estar subindo pelas paredes

"Chegar ao teto (*Decke*) de raiva" significa encolerizar-se, morrer de raiva (*Wut*).

○ Ich könnte echt **an die Decke gehen**, wenn sich Leute beim Zahlen an der Kasse vordrängeln.

da hast du den Salat! / da haben wir den Salat!
estamos fritos, ferrou!

"Aí está a salada (*Salat*)!" é uma exclamação de raiva diante de uma situação caótica ou um problema difícil de resolver. A menção à salada se deve à mistura de ingredientes diferentes sem critérios.

○ Hättest du besser aufgepasst, wäre die teure Vase nicht umgefallen. **Da haben wir** nun **den Salat!**

das ist (doch) die Höhe!
é o cúmulo!, onde já se viu?

"Isso é o cúmulo (*Höhe*)!" é uma expressão coloquial empregada, assim como seu homólogo em português, por alguém de considerável mau humor por algo que considera um despropósito, que vai além do aceitável.

○ Die Verkäuferin wollte mir fehlerhafte Ware verkaufen, **das ist doch die Höhe**!

fick dich!
foda-se!

Expressão de registro muito vulgar. É importante entendê-la, mas se recomenda não usá-la, salvo em casos excepcionais.

○ **Fick dich** doch, du Idiot!

jdm an die Gurgel springen / fahren / gehen
voar no pescoço de alguém, ir na jugular

"Pular na garganta (*Gurgel*) de alguém" tem um sentido figurado (criticar alguém sem concessões por sua atitude ou conduta) e outro literal (atacar fisicamente outra pessoa).

○ 1) Wenn die spanische Regierung keine weiteren Sparmaßnahmen akzeptiert hätte, **wäre** ihr die ganze EU **an die Gurgel gegangen**.

2) Hin und wieder habe ich den Wunsch, meinem Chef **an die Gurgel zu springen**, vor allem wenn er mal wieder so wichtigtut!

jdn am Abend besuchen können
não estou nem aí para você!, nem ligo para você!

"Você pode vir me visitar à noite (*Abend*)!" é o que significa literalmente esta frase alemã, dita por quem não vai atender à visita, porque estará dormindo. Esta locução, semelhante a *jemanden mal können* (veja mais adiante nesta seção), é uma forma eufemística e elaborada de evitar a expressão *du kannst mich am Arsch lecken*.

○ Hans **kann mich** doch jetzt mal **am Abend besuchen** mit seiner ständigen Meckerei! Ich höre einfach nicht mehr auf ihn.

jdn am Arsch lecken können
vá se foder!

Lamber o cu (*Arsch*) é a tradução literal. Esta frase vulgar, que expressa normalmente contrariedade, é também utilizada por pessoas educadas com a desculpa de que foi usada por Goethe em uma de suas primeiras obras, a peça teatral *Götz von Berlichingen*. Aqueles que, apesar de tudo, forem incapazes de pronunciar essa frase, talvez por sentirem que não combina consigo, podem mencionar o título dessa obra em substituição. A locução adquiriu também um sentido de "caralho!" ou "caramba!" em português.

○ Du **kannst** mich mal **am Arsch lecken**, diese plumpe Anmache habe ich nicht nötig!

jdn auf den / zum Mond schießen können
mandar à merda, mandar plantar batata

Expressão informal que indica alguém tão farto de outra pessoa a ponto de preferir não vê-la mais e mandá-la, por exemplo, para a Lua (*Mond*), a ter de suportá-la.

○ Wenn mein Freund mal wieder einen seiner Eifersuchtsanfälle bekommt, **könnte** ich ihn wirklich **auf den Mond schießen**!

jdn auf die Palme bringen
tirar alguém do sério

"Levar alguém à copa da palmeira"; ou seja, irritar tanto alguém a ponto de fazê-lo(a) subir pelas paredes.

○ Ich kann Andrea echt nicht ausstehen, sie schafft es jedes Mal, mich **auf die Palme zu bringen** mit ihren Sprüchen!

jdn mal können
que se foda!, que se ferre!

Formulação eufemística de *jdn am Arsch lecken können* (ver na página anterior) que evita falar de forma explícita os termos mais grosseiros, evidentemente conhecidos, de modo a manter a raiva igualmente grande. Contudo, a forma de apresentá-la ganha certa contenção.

○ **Du kannst mich mal**! So etwas muss ich mir nicht bieten lassen!

rotsehen
soltar fogo pelas ventas, perder o controle

"Ver vermelho (*rot*)" significa perder a compostura e agir impulsivamente, em pleno ataque de fúria.

○ Als meine Tochter mit diesem extrem kurzen Minirock und knallroten Lippen die Treppe herunterkam, **habe** ich **rotgesehen** und sie ein Flittchen genannt. Später habe ich mich natürlich dafür entschuldigt.

sich schwarzärgern, sich grün und blau ärgern, sich grün und gelb ärgern
ficar louco de raiva

"Ficar preto (ou verde e azul, ou verde e amarelo) de raiva" alude à capacidade cameleônica de o ser humano reagir perante um "detonador" qualquer com uma raiva de proporções bíblicas.

○ Ich **habe** mich **grün und gelb geärgert**, als ich erfahren habe, dass mein Ex schon wieder eine Neue hat. Nur eine Woche nach unserer Trennung!

verflixt (und zugenäht!)
maldição!, puta que pariu!

"Maldito (*verflixt*) e remendado" é uma maldição proferida com muita raiva. *Verflixt* é uma desfiguração de *verfluchen*, "maldizer".

○ **Verflixt und zugenäht!** Jetzt ist mir mein Handy ins Klo gefallen!

brigar

eine Abreibung bekommen
levar uma surra, tomar um pau

O verbo *abreiben* significa "limpar" ou "esfregar". No uso coloquial, o substantivo *Abreibung* passou a significar "surra".

○ Andreas **hat** von einer Gruppe Jugendlicher **eine Abreibung bekommen**, und das nur, weil er sie gebeten hat, im Zug nicht zu rauchen.

jdm (richtig) den Kopf waschen
chamar na chincha, repreender

"Lavar (*waschen*) a cabeça de alguém" significa repreender uma pessoa com dureza. Nos antigos banhos públicos, usava-se farelo e sabão para lavar o cabelo. Talvez por seu efeito esfoliante, era entendido por muitos como uma tortura ou um castigo.

○ Gestern **habe** ich Andi **richtig den Kopf gewaschen**. Wie konnte er nur unseren Hochzeitstag vergessen?!

jdm die Meinung geigen
dizer poucas e boas, dizer algumas verdades

"Dar sua opinião (*Meinung*) a alguém com um violino" significa contar sem rodeios e com clareza o desagrado e a contrariedade que a pessoa causa ou causou por sua maneira de ser ou agir.

○ — Na, dem **hast** du aber richtig **die Meinung gegeigt**!
— Klar, er kann ja auch nicht einfach meine Freundin anmachen.

jdm die Ohren / Löffel lang ziehen
dar um puxão de orelha em alguém

Löffel significa "colher" e também "orelhudo". "Puxar as orelhas de alguém" tem o mesmo significado que "bronca" ou "corretivo" em português. É utilizado em sentido figurado (pelo menos é o que se espera), geralmente em referência a crianças, ou, em tom mais irônico, a quem se comporta como tal.

○ Dem Nachbarskind sollte wirklich einmal jemand **die Ohren lang ziehen**! Er ist so ungezogen!

jdm eine Standpauke halten
dar sermão, dar bronca, comer o rabo

Standpauke é uma repreensão moral que apela à consciência do interlocutor. Esta frase tem origem no costume dos pregadores de realizar o sermão em pé (*Stand*), batendo (*pauken*, "tocar o timbale") ocasionalmente no atril para dar mais força às suas palavras.

○ Meine Mutter hat mir gestern **eine** heftige **Standpauke** wegen der Fünf in Mathe **gehalten**.

jdn zur Sau machen
jogar na cara, dizer poucas e boas, humilhar alguém

É "transformar alguém em porca (*Sau*)", ou seja, criticar duramente uma pessoa, jogando-lhe na cara todo tipo de críticas e deixando-a como uma porca toda salpicada de lama.

○ — Den Peter hast du aber richtig **zur Sau gemacht**!
— Klar, er hat es auch nicht anders verdient, wenn er sich ständig in meine Beziehung einmischt!

jdn zur Schnecke machen
dar bronca, comer o rabo

"Transformar alguém em caracol (Schnecke)" significa dar bronca em alguém com tanta dureza, deixando-o com o moral no chão, a ponto de se arrastar e se esconder dentro de casa, como um caracol.

○ Mein Chef hat **mich zur Schnecke gemacht**, weil ich zehn Minuten zu spät gekommen bin.

mit jdm ein Hühnchen zu rupfen haben
superar as diferenças, acertar-se com alguém

"Ter de depenar uma galinha (*Hühnchen*) com alguém" é o significado literal desta expressão, que significa que alguém tem de superar as diferenças ou os mal-entendidos com outra pessoa, mesmo que a tarefa seja tão desagradável quanto depenar uma galinha.

○ **Mit** den Borussen **hat** der FC Bayern noch **ein Hühnchen zu rupfen**, haben sie ihnen doch noch kurz vor Saisonende die Meisterschaft geraubt.

nichts für ungut
Não me leve a mal, mas...;
Não fique bravo, mas...;
Não é por nada, mas...

Constitui o prelúdio à crítica (normalmente pesada e que pode entrar no terreno pessoal), precedida por um *aber* ("mas") desses de dar medo.

○ **Nichts für ungut**, Andrea, aber diese Hose steht dir gar nicht.

estar de mau humor

jdm ist eine Laus über die Leber gelaufen
ser mordido por um bicho (como em "que bicho mordeu você?")

"Um piolho (*Laus*) correu pelo fígado (*Leber*) de alguém", diz a locução alemã, indicando que a pessoa está mal-humorada ou que se irrita com qualquer bobagem (seja piolho ou outro bicho). A referência ao fígado talvez tenha relação com a teoria medieval dos humores.

○ Du schaust aber böse aus, was ist denn dir für **eine Laus über die Leber gelaufen**?

mit dem linken Fuß (zuerst) aufstehen
levantar com o pé esquerdo

Esta expressão de imagem equivalente em ambos os idiomas (lembre-se de que o verbo *aufstehen*, "levantar-se", não é reflexivo em alemão) denota alguém mal-humorado ou contrariado. A referência ao pé esquerdo se baseia na crença supersticiosa de que as desgraças vêm pelo lado esquerdo.

○ Was ist denn heute mit dir los, dass du so schlecht drauf bist, **bist** du etwa **mit dem linken Fuß aufgestanden**?

RAIVA OU SACO CHEIO

estar farto

auf jdn / etwas pfeifen
não estar nem aí

"Assobiar (*pfeifen*) para alguém ou algo" é uma expressão coloquial que indica um desprezo absoluto por aquele ou aquilo que se menciona na frase. Também dá a entender que se despreza com prazer essa coisa ou indivíduo.

○ Da hast du dein Geld zurück, ich **pfeife auf** deine Hilfe!

das Fass ist voll
*já deu!, já chega!,
está passando dos limites*

"O barril (*Fass*) está cheio" expressa graficamente que a pessoa não está mais disposta a suportar determinada situação.

○ So, jetzt **ist** aber **das Fass voll**! Ich bin es leid, immer das Mädchen für alles zu spielen!

**die Nase voll haben
die Schnauze voll haben**
*estar até a tampa,
estar por aqui*

Schnauze é o focinho dos animais. Esta expressão conota, de maneira gráfica e escatológica, quão saturado e farto está aquele que sofre.

○ Ich **habe** nun wirklich **die Schnauze voll**! Ich kündige! Sollen sie sich doch jemanden anderen holen, den sie mobben können!

etwas leid sein
estar farto, de saco cheio

Expressão coloquial que conota cansaço, desânimo para realizar determinada tarefa ou quando a pessoa percebe que seu limite de tolerância foi ultrapassado e não aguenta mais.

○ Ich **bin es leid**, im Job immer die miesesten Aufgaben zu bekommen und von allen komisch angeschaut zu werden, ich kündige!

jdm auf den Geist gehen
estar de saco cheio, estar por aqui

Com esta expressão coloquial, que literalmente significa "subir ao espírito (*Geist*) ou alma de alguém", fica claro quanto algo ou alguém enche o saco desse *Geist*. As traduções para o português se referem a algo mais visível e tangível do que a alma ou o espírito.

○ Das ständige Rumgehämmere der Nachbarn **geht** mir fürchterlich **auf den Geist**!

jdm auf den Keks gehen
tirar do sério

Da antiga locução "*du gehst mir auf die Nerven*" ("você me deixa nervoso"), a criatividade dos falantes fez derivar uma infinidade de expressões, entre as quais esta, que substitui *Nerven* por *Keks* ("biscoito").

○ Der ständige Lärm der Nachbarn **geht mir** furchtbar **auf den Keks**! Ich bin so froh, dass wir bald umziehen.

jdm reißt der Geduldsfaden
acabar com a paciência de alguém

"Quebrar o fio (*Faden*) da paciência (*Geduld*) de alguém" ilustra paciência esgotada, que faz temer uma reação drástica contra o até então beneficiário dessa virtude ou diante de uma situação que se tornou intolerável.

○ Jetzt **reißt** mir aber langsam **der Geduldsfaden**! Ich habe dir tausendmal gesagt, du sollst keine anderen Kinder hauen!

WART'S AB!

ESPERAR OU TOMAR CANSEIRA

esperar

aufgeschoben ist nicht aufgehoben
se não for hoje, será amanhã

Com "o adiado (*aufschieben*) não é cancelado (*aufheben*)" confirma-se que algo vai acontecer apesar de ter sido adiado. Provém dos antigos julgamentos nos quais os juízes empilhavam as pastas com os casos mais recentes em um banco, deixando-os pendentes durante muito tempo.

○ Schade, dass es heute regnet und wir die Party nicht machen können. Dann eben in zwei Wochen, **aufgeschoben ist nicht aufgehoben**.

die Zeit totschlagen
matar o tempo

Essa expressão, coincidente nos dois idiomas, faz referência ao tempo de espera que às vezes devemos suportar estoicamente ou com uma atividade mais ou menos divertida que o torne mais suportável.

○ Jetzt haben wir immer noch drei Stunden, bis unser Flug geht. Mit was sollen wir denn bloß **die Zeit totschlagen**?

gut Ding braucht Weile, gut Ding will Weile haben
tudo a seu tempo, a pressa é inimiga da perfeição

Tudo que é bom precisa de seu tempo, ou seu "período" (*Weile*), como diz a locução alemã. O ruim costuma estar associado à pressa, então devemos nos armar de paciência e esforço para obter bons resultados.

- **Gut Ding braucht** eben **Weile**: Der 35-jährige Routinier Gerhard Pilz sicherte sich in beeindruckender Manier Platz eins beim Weltcupfinale im Rodeln.

Schlange stehen
fazer fila

Schlange é serpente, mas também fila; uma fila de pessoas que esperam sua vez na frente da bilheteria do cinema ou no caixa do supermercado, por exemplo.

- **Wir mussten geschlagene drei Stunden Schlange stehen**, bevor wir in den Konzertsaal konnten.

sich die Beine in den Bauch stehen, sich die Beine in den Leib stehen
tomar canseira, tomar chá de cadeira

"Estar com as pernas na barriga (*Bauch*) ou no corpo (*Leib*)" é o que diz literalmente a expressão alemã para indicar uma longa e cansativa espera.

- Zwei Stunden lang habe ich **mir die Beine in den Bauch gestanden**, und alles nur, um noch an Konzertkarten für U2 zu kommen.

wart's ab!
você vai ver!, pode esperar!

Frase imperativa que expressa, ao mesmo tempo, certa esperança e desafio diante de um interlocutor crítico e incrédulo em relação a determinada situação.

- — Euer Team war aber nicht besonders gut in den letzten Spieltagen ...
  — **Wart's ab**, wir sind fest entschlossen, aufzuholen!

tomar canseira

ins Wasser fallen
suspender, cancelar, miar

"Cair na água (*Wasser*)" significa que um evento foi suspenso. Em celebrações, também poderíamos dizer que a festa miou.

○ Die Gartenparty am Sonntag **wird** wohl **ins Wasser fallen**, da die ganze Familie krank ist.

jdn sausen lassen
afastar-se, romper relações com alguém

Esta locução, em relação a pessoas, significa afastar-se de alguém por quem se tinha boa estima. Cuidado com o uso desta expressão, porque *einen sausen lassen* significa "peidar".

○ Ich bin so glücklich! Mein großer Schwarm hat seine Freundin für **mich sausen lassen**! Also liebt er mich doch.

jdn schmoren lassen
enrolar, deixar alguém na expectativa

Schmoren significa "refogar", "cozinhar a fogo lento". Em alusão a uma pessoa, esta expressão coloquial indica que ela foi deixada esperando na incerteza e em uma situação nada invejável.

○ Mein Freund **hat** mich nach unserem Streit letzte Woche ganz schön **schmoren lassen**. Er hat mich erst nach vier Tagen wieder angerufen.

jdn zappeln lassen
deixar na expectativa

O verbo *zappeln* significa "espernear". A expressão tem o sentido de manter alguém intrigado e inquieto por não receber determinada informação. Também pode se referir a alguém que não dá resposta definitiva a seu pretendente porque gosta de bajulação e de brincar com o coração dos outros.

○ Meine Frau wollte unbedingt wissen, wohin unser Überraschungsurlaub geht, aber ich **habe** sie bis zum Abflugtag **zappeln lassen**.

warten können, bis man schwarz wird
poder esperar sentado

"Poder esperar até que fique preto", enfim, uma eternidade.

○ — Thomas, ich hätte gerne mein Geld zurück!
— Ha, da **kannst du warten, bis du schwarz wirst**!

WIE GOTT IN FRANKREICH

ESTILOS DE VIDA

auf großem Fuß(e) leben
ter vida de rei/rainha/ príncipe/princesa, estar tranquilo, estar com a vida feita

"Viver sobre pé(s) grande(s)" é uma expressão que remonta a certos usos medievais, quando se media a categoria social das pessoas pelo tamanho dos sapatos que usavam: quanto maiores, mais bem situadas na pirâmide social.

○ Rainer **lebt auf großem Fuß**: Ein toller Sportwagen, ein Haus in der teuersten Gegend Münchens, seine Frau trägt immer Designerkleider, sogar einen Chauffeur haben sie!

das Leben in vollen Zügen genießen
viver intensamente, curtir a vida

Zug ("trem") também significa "tragada", coisa que não prolonga a vida, embora se possam consumir cigarros com muito prazer. Sem dúvida, a expressão alude a um estilo de vida típico de gente otimista e cheia de alegria de viver.

○ Toni ist ein sehr positiver Mensch, der **das Leben in vollen Zügen genießt**.

es sich gut gehen lassen
cuidar-se, mimar-se

"Ser bom para si mesmo" significa permitir-se luxos e prazeres.

○ Ich kann das Resort in Punta Cana nur empfehlen, dort kann man **es sich** rundum **gut gehen lassen**.

in den Tag hinein leben
viver sem pensar no futuro

"Viver no dia (*Tag*)" significa viver sem preocupações pelo que vai acontecer no futuro, como a cigarra da fábula. Costuma ser usado em tom de censura para pessoas excessivamente sonhadoras e despreocupadas com assuntos sérios da vida.

○ Ich schaffe es leider nur im Urlaub, einfach **in den Tag hinein** zu **leben**. Sonst ist in meinem Leben alles streng geplant.

in Saus und Braus leben
levar vida de rei/rainha/ príncipe/princesa, ter vida boa

As palavras *Saus* e *Braus* procedem dos verbos *sausen* (o assobio do vento, entre outras ventosidades) e *brausen* (o bramido das ondas), em alusão, em sentido figurado, aos sons alegres das reuniões sociais, com suas magníficas refeições, e caldos fartos e generosos.

○ Wie die Meiers bei ihrem Einkommen **in** so einem **Saus und Braus leben** können, versteht keiner.

nobel / vornehm geht die Welt zugrunde
gastar demais, sem medida

Expressão utilizada para se referir ironicamente ao excesso de luxo. "Com o luxuoso (*vornehm* ou *nobel*) o mundo vai a pique (*zugrunde*)" é uma expressão jocosa para indicar que alguém faz gastos desmesurados.

○ Für dieses Jahr haben wir zwei Wochen Luxusurlaub in Abi Dhabi gebucht. **Nobel geht die Welt zugrunde.**

sein Dasein fristen
ir levando

Com *Dasein* ("existência") e o verbo *fristen* (*Frist* é o "prazo" ou a "data limite") dizemos "chegar ao fim a duras penas". A expressão é usada para descrever um estilo de vida cinza, sem alegrias, como se apenas esperasse pela chegada do fim.

○ Für die Hühner bedeutet ein Unterschied der Haltungsform eine ganze Menge: Ein Huhn, das in einer Fabrik als Produktlieferant in Käfighaltung **sein Dasein fristen muss**, lebt auf einer Fläche, die gerade einmal so groß ist wie eine Din-A4-Seite.

wie Gott in Frankreich
ter vida boa, ter vida de rei/ rainha/príncipe/princesa

"Como Deus (*Gott*) na França" significa ter um ritmo de vida espetacular e saber curtir os prazeres da vida. Existem duas possíveis origens que explicariam esta expressão. A primeira "dispensaria Deus" depois da vitória da Razão durante a Revolução Francesa e, portanto, levaria uma vida folgada na França revolucionária. A segunda transforma a palavra *Gott* ("Deus") em sinônimo de "clero", e a história nos dá uma ideia do enorme poder econômico de que dispunha o clero francês.

○ Hier in Abu Dhabi leben mein Mann und ich **wie Gott in Frankreich**: jeden Tag Champagner und Languste!

MEINE REDE!

CONCORDAR OU NÃO

concordar

das kann ich dir sagen!
estou dizendo!,
estou falando!

Frase com a qual se reforça uma afirmação. É como se o falante fizesse um juramento do qual não se pode nem se deve duvidar.

○ Das war vielleicht ein Spiel am Samstag, **das kann ich dir sagen**! Nach dem 3:3 konnte ich fast nicht mehr hinsehen.

das kannst du laut sagen!
certeza!, pode ter certeza!

Expressão coloquial de assentimento a uma declaração anterior. Tem a intenção de reforçar a veracidade do que foi expresso pelo interlocutor.

○ — Na, an diesem tollen Schrank hast du bestimmt viele Stunden lang gearbeitet!
— **Das kannst du laut sagen**, 10 Wochen habe ich dafür gebraucht!

jdm aus der Seele sprechen
você leu meus pensamentos!,
que coincidência!,
eu também!

"Falar da alma (*Seele*)" significa dizer exatamente aquilo que outra pessoa sente, pensa ou ia dizer.

○ — Ich bin vor den Prüfungen immer so nervös, das ist echt schlimm!
— **Du sprichst mir aus der Seele**, mir geht es genauso.

kein Wunder, (dass)
não me surpreende, não é de se estranhar

"Não é nenhum milagre ou maravilha (*Wunder*)" é o que se diz literalmente em alemão para reforçar a obviedade na afirmação do interlocutor.

○ — Mensch, ist mir schlecht!
— **Kein Wunder**, du hast ja auch viel zu schnell gegessen.

meine Rede!
é o que estou dizendo!, isso mesmo!

"Meu discurso (*Rede*)!" abrevia de maneira expressiva a frase "é exatamente o que estou dizendo!" e indica conformidade com algo dito anteriormente.

○ — Ich finde, Michael könnte einen neuen Haarschnitt gebrauchen, diese Zotteln sind furchtbar.
— **Meine Rede!** Aber auf mich hört er ja nicht.

nicht ganz Unrecht haben
ter um pouco de razão, não estar totalmente enganado

Unrecht significa "injustiça" ou, em linguagem coloquial, simplesmente "engano". Esta expressão formulada negativamente indica a conformidade com o que foi expresso. Esse recurso de negar o negativo dá um toque de ironia ao modo de concordar entre interlocutores que se conhecem bem.

○ — Mein Mann meinte gestern, dass ich in letzter Zeit so langweilig aussähe!
— Na ja, da **hat** dein Mann **nicht ganz Unrecht**, ich glaube auch, du könntest dich ein bisschen peppiger anziehen.

não concordar

aber sonst geht's dir gut!
está maluco?, não tomou seu remédio hoje?

Frase coloquial e irônica que questiona as faculdades psíquicas do interlocutor quando afirma algo completamente inviável. Os tradutores costumam utilizá-la com clientes que exigem um prazo de entrega absurdo, acompanhada também de uma sonora gargalhada com mais indignação do que ironia.

○ — Hans, wir brauchen den vollständigen Bericht bis morgen um zehn in der Früh!
— **Aber sonst geht's dir gut!** Frühestens morgen Nachmittag!

auf Granit beißen
malhar em ferro frio, dar murro em ponta de faca

"Morder (*beißen*) granito", ou seja, encontrar uma forte resistência na negativa de alguém. Costuma ser utilizada com a preposição do dativo *bei*.

○ — Soll ich versuchen, deine Eltern zu überreden, dass du länger wegdarfst?
— Da wirst du bei ihnen **auf Granit beißen**.

auf taube Ohren stoßen
falar com as paredes

"Topar com ouvidos surdos (*taub*)" tem o significado facilmente deduzível de não ser ouvido, e não por falta de sinal ou impedimento físico do receptor; simplesmente por recusa da audiência.

○ Ich habe versucht, sie zu überzeugen, aber bei ihr **stoße** ich **auf taube Ohren**.

das kann jeder sagen!
é fácil falar!, qualquer um pode dizer isso!

Jeder (sf. *jede*, sn. *jedes*) rege a declinação regular ou fraca do adjetivo que o acompanha, como *der* ou *dieser*. Exemplos: *jeder einzelne Mann, jede einzelne Frau, jedes einzelne Kind*. Na locução, *jeder*, em sua qualidade de pronome indefinido, tem uma função substantiva e é invariável.

○ Ja ja, **das kann jeder sagen**, dass die Frage leicht war — vor allem, wenn die Antwort da steht!

das sagst du!
isso é o que você pensa!

Com esta frase coloquial e contrastiva (mas não muito harmoniosa), o falante discorda categoricamente de seu interlocutor, que dava por certo que os dois concordavam sobre o assunto.

○ — Wir gewinnen das nächste Spiel bestimmt!
— **Das sagst du!** Ich bin mir da nicht so sicher.

das wäre ja noch schöner!
de jeito nenhum!, nem pensar!

"Isso seria ainda mais bonito (*schöner*)" é uma expressão coloquial para indicar a negativa direta a uma proposta ou pedido.

○ — Mama, darf ich heute ausgehen?
— **Das wäre ja noch schöner!** Bei den schlechten Noten bleibst du erst einmal ein paar Wochen zu Hause!

den Teufel werde ich tun und [...]
até parece!, nem ferrando!

Frase feita usando o diabo (*Teufel*) como protagonista para indicar que a pessoa não realizará a ação de jeito nenhum.

○ **Den Teufel werde ich tun und** beim Streik mitmachen. Sonst bekomme ich ja weniger Geld.

jdm etwas nicht abnehmen
não engolir, não acreditar

Aqui *abnehmen*, "engolir", entre outras acepções, adquire um sentido figurado, em um registro familiar, que indica simplesmente que não se acredita no que alguém afirma.

- — Hast du schon das Neueste gehört? Bettina und Lorenz sind jetzt ein Paar!
  — Nein, **das nehme** ich dir echt **nicht ab**! So, wie die sich gehasst haben?

papperlapapp!
que bobagem!, bobagem, besteira

Interjeição sinônima de *quatsch!* utilizada para expressar que consideramos bobagem o que o interlocutor diz.

- — Mama, ich habe Bauchweh heute!
  — Ach **papperlapapp**, du willst nur nicht in die Schule gehen.

von wegen!
nem pensar!, de jeito nenhum!

Esta interjeição coloquial expressa que não se concorda, de jeito nenhum, com o que foi dito.

- — Nach ihrer Trennung muss Eva ja ganz schön fertig sein, oder?
  — **Von wegen**! Sie hat sicher schon einige neue Männer am Start!

FRÜHER ODER SPÄTER

EXPRESSÕES RELATIVAS AO TEMPO

urgência

an der Zeit sein
está na hora de, é hora de, é tempo de

Esta expressão é usada quando não se deve esperar mais para realizar determinada ação porque está ficando tarde.

○ Spätestens wenn die Gelenke schmerzen, **ist es** für viele Übergewichtige **an der Zeit**, abzunehmen.

stante pede
ipso facto, já, imediatamente

Este latinismo, incorporado ao registro culto da língua alemã, indica a urgência com que se deve realizar a atividade expressa.

○ Nehmen Sie bitte Ihre Unterlagen und kommen Sie **stante pede** mit mir in das Besprechungszimmer!

vom Fleck weg
já, imediatamente, num piscar de olhos

"Mancha (*Fleck*) afora" é uma frase que indica imediatismo. Sua força expressiva está na aliteração **eck/eg**, como "pá pum".

○ Diese neue Mädchenband wurde **vom Fleck weg** bei ihrem ersten Casting engagiert.

pontualidade

die Uhr danach stellen können
ser (como) um reloginho

A expressão mostra que um evento é tão pontualmente regular no tempo que pode se transformar na referência temporal de todos, como acontecia com os passeios do filósofo alemão Immanuel Kant pela cidade prussiana de Königsberg (atual Kaliningrado). Sua regularidade era tal que todos os seus vizinhos arrumavam os relógios ao vê-lo passar. A tradução "ser (como) um relógio (*Uhr*)", que em alemão teria sua equivalência mais exata em **auf die Minute pünktlich sein**, pode apenas se aproximar da imagem original.

○ Und wie jedes Jahr pünktlich Anfang November, **man kann die Uhr danach stellen**, sieht man die ersten Schokoladennikoläuse und Adventskalender in den Schaufenstern.

tarde

auf den letzten Drücker
em cima da hora,
de última hora,
in extremis

Trata-se de uma queixa contra o péssimo costume de deixar tudo para a última hora. Exorta a não agir *in extremis* nem adiar, falha muito difundida no mundo profissional.

○ Es wäre toll, wenn ihr dieses Mal etwas früher kommen würdet und nicht wie immer **auf den letzten Drücker**.

früher oder später
cedo ou tarde

Expressão quase idêntica nos dois idiomas: "*früher* (mais cedo) *oder später* (mais tarde)".

○ **Früher oder später** muss einmal jeder Schüler einen Vortrag vor der ganzen Klasse halten, deshalb ist es sinnvoll, den Kindern früh genug die Angst davor zu nehmen.

im letzten Augenblick
no último instante,
no último momento

Outra expressão idêntica nos dois idiomas, embora *Augenblick*, "instante", seja uma palavra composta de *Augen*, "olho", e *Blick*, "olhar", o que confere outra dimensão ao termo "instante": é o que se demora para dar uma olhada.

○ Ich habe **im letzten Augenblick** noch bremsen können, sonst hätte ich den Hund überfahren.

in letzter Minute
a última hora

É sabido que os alemães têm uma relação muito estreita com a precisão e a pontualidade, por isso, até o último minuto pode ser determinante. No fundo, o significado das duas expressões é o mesmo, o que muda é a escala.

○ Die Gewerkschaften und die Regierung haben **sich in letzter Minute** geeinigt und so konnte ein Generalstreik vermieden werden.

cedo

aus den Federn
levante-se!,
saia da cama!

Sair "das plumas (*Feder*)" significa levantar-se da cama, deixando de lado o edredom de plumas. Antigamente, as camas tinham dois edredons de pluma: um embaixo e outro em cima, para cobrir. Levantar-se desse ninho quentinho no inverno frio alemão não é fácil. *Federn* também significa "cama" em muitas outras expressões alemãs.

○ Ich muss morgen leider **früh aus den Federn**.

Morgenstund hat Gold im Mund
Deus ajuda quem cedo madruga

A tradução literal da locução é: "A hora da manhã tem ouro na boca" e, ao que parece, provém de um antigo provérbio latino que dizia que se estuda melhor pela manhã. E que o tempo vale ouro.

○ — Warum stehst du denn schon um 6 Uhr auf, wenn du gar nicht arbeiten musst?
 —**Morgenstund hat Gold im Mund.**

duração

bis dato
até agora, até a data

Expressão que mistura uma conjunção alemã com um termo proveniente do latim (*dato, datum*, "data"). Foi criada inicialmente na linguagem mercantil e passou posteriormente à linguagem oral e comum.

○ Wir haben dem Hausbesitzer vor einigen Wochen ein Angebot gemacht, aber **bis dato** haben wir keine Antwort erhalten.

bis in die Puppen
até as tantas

"Até as bonecas (*Puppen*)" tinha, no início, um sentido espacial porque designava grandes distâncias, em alusão às caminhadas até certas estátuas no Großen Stern do Tiergarten berlinense, no século XIX, denominado nessa época *Puppenplatz*. Depois, adquiriu um significado exclusivamente temporal e passou a indicar algo que se prolonga até a madrugada.

○ Bei meiner Abschlussfeier an der Universität wurde **bis in die Puppen** gefeiert.

ein für alle Mal
de uma vez por todas

"Uma para todas as vezes (*Mal*)"; ou seja, de maneira definitiva.

○ Mit Hypnose wird man angeblich die Lust zu rauchen **ein für alle Mal** los.

es kurz machen
seja breve

Todos sabemos que o que é breve e bom é duas vezes melhor. Esta expressão desencoraja as divagações em um relato para ir direto ao ponto.

○ — Andrea, hast du Zeit zum Quatschen? Ich muss dir etwas Wichtiges erzählen.
— Klar, aber bitte **mach es kurz**, ich muss leider gleich weg.

in letzter Zeit
ultimamente, nos últimos tempos

"Nos últimos tempos". Lembre-se de que *Zeit* é feminino, ao contrário do português.

○ **In letzter Zeit** läuft es in meiner Beziehung leider nicht so gut. Mein Freund und ich streiten uns oft.

kommt Zeit, kommt Rat
dar tempo ao tempo

Com "vem o tempo (*Zeit*), vem o conselho (*Rat*)" ou, em uma tradução menos literal, "com o tempo vem a resposta", incita-se a não se impacientar para resolver qualquer problema.

○ — Ich versuche schon seit einigen Monaten, den richtigen Job zu finden, aber immer ist irgendetwas nicht ideal.
— Mach dich doch nicht so verrückt, **kommt Zeit, kommt Rat**.

kurz und schmerzlos
sem rodeios, breve e conciso

"Rápido e sem dor (*schmerzlos*)" é uma expressão coloquial e irônica que incita a realizar uma ação indesejada ou dolorosa rapidinho. É melhor não enrolar muito e ir direto ao ponto.

○ Mach es doch lieber **kurz und schmerzlos** und sage deiner Freundin einfach, dass du dich in eine andere verliebt hast.

rund um die Uhr
24 horas por dia

Expressão coloquial muito gráfica que alude à totalidade das horas do dia que percorre toda a circunferência do relógio.

○ Meine Nachbarin nervt wahnsinnig: Sie singt **rund um die Uhr**!

seit geraumer Zeit
já faz algum tempo

Expressão da linguagem culta que indica uma longa duração. *Geraum* só se usa em combinação com o tempo.

○ Ich habe schon **seit geraumer Zeit** Gelenkschmerzen, Herr Doktor.

sich in die Länge ziehen
durar uma eternidade

"Arrastar-se na extensão" significa que algo não chega ao fim e, ainda por cima, é um tédio.

○ Das Theaterstück **zog sich** sehr **in die Länge**, weswegen einige Besucher früher den Saal verließen.

von früh bis spät
de sol a sol

"De cedo (*früh*) até tarde (*spät*)", ou seja, o dia todo, usado para uma tarefa que durou uma eternidade. Também se diz **von morgens bis abends**.

○ Wir haben **von früh bis spät** geschuftet, aber endlich ist die ganze Wohnung frisch gestrichen und schaut toll aus.

frequência

ab und zu
hin und wieder
dann und wann
ab und an
de vez em quando,
às vezes, de tanto em tanto

Das quatro expressões, *ab und an* é a menos comum. Todas indicam muito pouca frequência em algo. E *ab und zu* é, sem dúvida, a expressão coloquial favorita para indicar essa pouca frequência. *Dann und wann* é de registro um pouco mais formal e mais habitual na língua escrita do que na oral.

- 1) **Ab und zu/an** treffe ich mich noch mit meinen Freundinnen aus der Schulzeit, das finde ich toll.

  2) Meine Freundin sehe ich nur noch **dann und wann**, seit sie geheiratet hat.

  3) Ich gehe gerne **hin und wieder** mit Freunden zum Bowlen.

am laufenden Band
o tempo todo,
sem parar

Aqui, *Band* significa "fita" e alude, na realidade, à *Fließband* ("linha de montagem"), que pode dar a impressão de algo infinito. Daí o sentido figurado: "constantemente", "sem fim".

- Meine Tochter ist eine richtige Zicke geworden, sie beschwert sich **am laufenden Band**.

gang und gäbe
normal, comum

Expressão repetitiva que indica que algo é absolutamente comum.

- Bei vielen Urvölkern ist es **gang und gäbe**, dass schon Babys Ohrringe bekommen.

in einer Tour
o tempo todo, a toda hora, constantemente

O substantivo *Tour* vem do francês e, nesta locução, adquire o sentido técnico de volta inteira, como os ponteiros do relógio da locução "a toda hora".

○ Ich finde den Nachbarshund wirklich nervig, der jault **in einer Tour**.

in Folge
em série, seguido, sucessivo

Folge significa, entre outras coisas, "série", e o que se repete mais de duas vezes já é uma série.

○ Nach der fünften Heimniederlage **in Folge** kündigte der Trainer der Mannschaft seinen Job.

Tag für Tag
dia a dia, dia após dia, todos os dias

Locução que intensifica o sentido de "diariamente" e que carrega valores associados e implícitos, como força de vontade e perseverança.

○ Johanna ist sehr figurbewusst und joggt **Tag für Tag** fünf Kilometer durch den Wald.

von Zeit zu Zeit
de vez em quando

"De tempo (*Zeit*) em tempo" significa o mesmo que a expressão correspondente em português.

○ Die Innenseite der Flöte sollte **von Zeit zu Zeit** mit Öl behandelt werden.

MIT LINKS
FÁCIL OU DIFÍCIL

fácil

(für jdn) ein Kinderspiel sein
ser baba, mamão com açúcar, brincadeira de criança

"Brincadeira de criança (*Kinderspiel*) (para alguém)" indica uma atividade sem nenhuma dificuldade, muito fácil.

○ **Für** diesen erfahrenen Dieb **war** der Einbruch in der Bank **ein Kinderspiel**.

mit links
de olhos fechados

A expressão "com a esquerda (*links*)" significa que algo pode ser feito com extrema facilidade; até mesmo com a mão que a pessoa não está acostumada a usar para fazer as coisas (de novo predomina o ponto de vista dos destros, claro).

○ — Ich habe ganz schön Angst vor der theoretischen Fahrprüfung.
— Ach, die schaffst du **mit links**, du hast doch so viel gelernt!

schlicht und ergreifend
simplesmente

"Simples (*schlicht*) e comovente (*ergreifend*)" significa "simplesmente".

○ Man sieht, dass die Regierung mit der Finanzkrise **schlicht und ergreifend** überfordert ist.

difícil

auf dem Trockenen sitzen
estar em um ponto morto

"Sentar em terra seca" significa não saber o que fazer nem como continuar. Esta expressão remonta ao fenômeno das marés baixas no mar do Norte, quando a água recua e encalha os barcos na areia à espera de que torne a subir. (Veja também nas páginas 51 e 64.)

○ Während seine Kameraden längst eigene Texte veröffentlicht haben und um zu vergebende Stellen buhlen, **sitzt** Nash ohne vorzeigbare Ergebnisse **auf dem Trockenen**.

das ist leichter gesagt als getan
na teoria é uma coisa, na prática é outra

Esta expressão e **leicht gesagt sein** (veja na página seguinte) indicam com clareza que algo é muito mais difícil de fazer do que supõe aquele que fala.

○ Mein Papa hat mir gesagt, dass ich mich wehren soll, wenn ich in der Schule wieder geärgert werde. Aber **das ist leichter gesagt als getan**.

eine harte Nuss zu knacken haben
ter algo complicado para resolver

"Ter que descascar uma noz (*Nuss*) dura" significa ter que resolver um problema complicado ou quase insolúvel.

○ Der FC Bayern **hat** im Champions-League-Halbfinale **eine harte Nuss zu knacken** und trifft auf Real Madrid.

etwas hat einen Haken
ter uma pegadinha, ter um truque

"Algo tem um gancho (*Haken*)" significa que tem uma dificuldade oculta que não se vê de cara, e que seria bom desconfiar ou ir com extremo cuidado.

○ Das Angebot ist einfach zu gut, die Sache **hat** bestimmt **einen Haken**.

leicht gesagt sein
na teoria é uma coisa, na prática é outra

Veja *Das ist leichter gesagt als getan* na página anterior.

○ Meine Mutter sagt immer, dass ich Florian einfach vergessen soll, aber das **ist leicht gesagt**.

mit Ach und Krach
aos trancos e barrancos, a duras penas

Esta expressão, em alemão e em português, reforça a sensação do esforço com que se alcança um objetivo. *Ach* é uma interjeição tanto de surpresa quanto de dor ou susto (ah!, ai!), e *Krach* significa "barulho, alvoroço". Expressa, portanto, as muitas queixas e exclamações de sofrimento proferidas durante o processo.

○ Ich habe die letzte Prüfung in Latein nur **mit Ach und Krach** bestanden.

sich an etwas die Zähne ausbeißen
dar o sangue e quebrar a cara

"Quebrar os dentes (*Zähne*) em algo" significa tentar algo com muita insistência e fracassar. Parece que, em sua origem, esta locução não se referia aos dentes humanos, e sim à alavanca de combustível acionada com a mão nos carros antigos e que tinha forma de uma roda dentada.

○ An diesem Kreuzworträtsel kann man **sich** wirklich **die Zähne ausbeißen**, es ist sehr schwierig.

sich gewaschen haben
ser complicado

"Foram lavados (*waschen*)" significa que um assunto é muito complexo, absurdo ou simplesmente extremo. Serve para intensificar.

○ Das Finanzamt wollte von mir eine Steuernachzahlung, die **sich** wirklich **gewaschen hatte**.

KLIPP UND KLAR

FALAR, INTERROMPER OU CALAR

falar

die Katze aus dem Sack lassen
contar um segredo

"Tirar o gato (*Katze*) do saco" significa contar um fato ou, mais exatamente, deixar de ocultá-lo.

○ Was tust du denn so geheimnisvoll? Komm, **lass** endlich **die Katze aus dem Sack**.

die Rede sein von
falar muito de, estar na boca do povo

Expressão que indica que algo se tornou tema de conversa da atualidade.

○ Es **ist** viel **die Rede von** einer weltweiten Ernährungskrise.

ein Wörtchen mitzureden haben
ter algo a dizer

Com "ter uma palavrinha (*Wörtchen*) a dizer" a pessoa reivindica o direito de dar sua opinião, pois considera que o assunto também lhe diz respeito e não quer ser ignorada.

○ Aha, du willst also noch ein drittes Kind, Schatz? Ich glaube, da **habe** ich doch auch **ein Wörtchen mitzureden** ...

einen Frosch im Hals haben
estar rouco

"Ter um sapo [rã] (*Frosch*) na garganta" significa estar rouco. Talvez a expressão tenha a ver com a rânula, um tumor que se forma embaixo da língua e impede de falar com clareza.

○ Gestern **hatte** ich so **einen Frosch im Hals**, dass ich fast meinen Vortrag abbrechen musste.

etwas an die große Glocke hängen
aos quatro ventos

"Pendurar algo no sino (*Glocke*) grande" indica que um assunto é divulgado por todo lado e tem muita publicidade. Antigamente, os sinos serviam para advertir a população sobre fogo ou perigo, além de chamar os fiéis para a missa.

○ Ich würde es noch nicht so **an die große Glocke hängen**, dass wir ein Kind erwarten, warten wir lieber noch etwas.

(etwas) durch die Blume sagen
falar com rodeios, falar por indiretas

Significa "dizer algo com flores (*Blumen*)", ou seja, falar algo de maneira eufemística, valendo-se de um estilo florido que costuma resultar em pieguice.

○ Ich sollte ein Dienstzeugnis formulieren, in dem **durch die Blume gesagt wird**, dass der Mitarbeiter häufig durch "Krankheit" gefehlt hat.

immer das letzte Wort haben
ter a última palavra

Esta locução refere-se à conhecida estratégia de replicar sistematicamente o interlocutor até cansá-lo, de modo que ele pare de falar e não saia como vencedor na disputa verbal.

○ Rolf und ich streiten in letzter Zeit sehr häufig. Ich glaube, es liegt vor allem daran, dass er **immer das letzte Wort haben** muss!

jdm auf den Zahn fühlen
fazer alguém falar,
arrancar informação

"Sondar o dente (*Zahn*) de alguém" significa fazer a pessoa abrir o bico, como faria um dentista: batendo nos dentes para saber seu estado, graças, em primeiro lugar, à reação que as batidas suscitam no paciente. E se a reação for dolorosa, é sinal inequívoco de que "nesse mato tem coelho" ou "aí tem coisa", para usar dois ditados em sua versão positiva.

○ In der Politik muss man aktiv werden und den Politikern **auf den Zahn fühlen**.

jdm einen Wink mit dem Zaunpfahl geben
dar uma indireta

"Fazer um sinal com a estaca (*Zaunpfahl*)" significa dizer alguma coisa de maneira indireta, mas completamente transparente, sem que exista possibilidade de mal-entendido.

○ Jetzt **habe** ich dir schon **einen Wink mit dem Zaunpfahl gegeben** und du hast es immer noch nicht kapiert!

jdm jedes Wort (einzeln) aus der Nase ziehen
arrancar (as palavras) com saca-rolhas

"Tirar as palavras pelo nariz (*Nase*)" de uma pessoa se usa quando é preciso forçá-la a desembuchar. Aqui, como em tantas outras coisas, mais vale habilidade do que força, e sempre há quem consiga com um pouco de psicologia e astúcia.

○ Jetzt lass' dir doch nicht **jedes Wort einzeln aus der Nase ziehen** und erzähl' endlich, wie dein Date gelaufen ist!

jdm Rede (und Antwort) stehen
prestar contas

Esta expressão provém, como a anterior, da linguagem jurídica. O verbo *stehen* é utilizado aqui porque os acusados normalmente prestam declaração em pé.

○ Wegen seinem Seitensprung wird er seiner Frau wohl **Rede und Antwort stehen** müssen.

jdn ins Kreuzverhör nehmen
interrogar, crivar de perguntas

Kreuzverhör (do inglês, *cross-examination* ou "interrogatório cruzado") é um tipo de interrogatório do código penal anglo-saxão durante o qual a testemunha ou o perito é interrogado diretamente pelo promotor ou pelo advogado de defesa (e não pelo juiz). Na fala coloquial, conserva especialmente o sentido de "ser submetido a um interrogatório".

○ Die Polizei **hat** mich wegen der Sache mit den Nachbarn ganz schön **ins Kreuzverhör genommen**.

jdn zur Rede stellen
pedir explicações, chamar na chincha

"Pôr alguém para falar"; ou seja, pedir explicações, justificativas a alguém. Esta locução provém da linguagem jurídica e está relacionada ao momento em que se chama um acusado para falar no tribunal.

○ Jens hat seine Freundin nun endlich **zur Rede gestellt** und sie direkt gefragt, ob sie einen anderen hat.

klipp und klar
sem rodeios, bem claro, sem papas na língua

Esta fórmula, utilizada no mínimo desde o século XVIII, é um empréstimo do baixo alemão tomado pelo *Hochdeutsch* (ou alto alemão, alemão padrão). *Klipp* procede do verbo *klippen*, que em baixo alemão significa "encaixar, cair bem", com o sentido de "apropriadamente".

○ Was macht denn Hans hier im Büro? Ich habe ihm doch **klipp und klar** gesagt, dass ich heute keine Zeit für ihn habe!

kurz angebunden sein
de poucas palavras

"Estar amarrado curto" é uma expressão que originalmente se referia à corrente curta com que se amarrava um cão de guarda que tivesse por costume latir para todo mundo. Daí passou a significar "antipático, de poucas palavras" para pessoas que respondem com displicência.

○ Als ich meinen Chef auf die ausstehende Gehaltserhöhung ansprach, **war** er **kurz angebunden** und verwies mich auf später.

mit der Tür ins Haus fallen
ir direto ao ponto, falar sem rodeios

"Cair com a porta (*Tür*) na casa" é uma maneira coloquial de dizer que a pessoa vai tão direto ao ponto que diz o que a aflige à queima-roupa, sem preâmbulos.

○ Beim Abendessen **bin** ich gleich **mit der Tür ins Haus gefallen** und habe meinen Eltern erzählt, dass ich ausziehen werde.

seinen Senf dazugeben
dar pitaco, meter o bedelho

"Acrescentar mostarda (*Senf*)" é uma expressão coloquial muito gráfica que define quem tem por costume se manifestar sobre qualquer assunto sem que ninguém pergunte. Referir-se à opinião como *Senf* mostra que ela é tida como pouco digna de consideração.

○ Martin nervt echt! Er muss überall **seinen Senf dazugeben**!

sich im Ton vergreifen
sair do tom

"Errar a nota (*Ton*)" alude, com uma imagem musical, à desarmonia que ocorre quando alguém se expressa de modo pouco condizente com a situação.

○ Es tut mir leid, dass ich mich gestern bei unserem Gespräch so **im Ton vergriffen habe**, ich war wohl zu aufgebracht.

sich zu Wort melden
fazer-se ouvir,
pedir a palavra

Expressão de cunho parlamentar que indica que alguém interveio com algumas palavras ou alocução em uma reunião, conversa ou debate.

○ Nach dem Abrutschen der Bayern auf Platz drei — und vor dem Champions-League-Spiel in Basel **hat sich** nun auch der Präsident Uli Hoeneß **zu Wort gemeldet**. Er spricht eine deutliche Warnung an die Spieler aus.

um den heißen Brei (herum)reden
fazer rodeios, enrolar

"Revirando o mingau (*Brei*) quente" significa valer-se de circunlóquios por não se atrever a abordar diretamente o assunto que interessa.

○ — Kind, jetzt **rede** nicht länger **um den heißen Brei herum** und sag mir doch einfach, was du von mir willst.
— Ok, Papa. Kannst du mir etwas Geld leihen?

unter vier Augen (sprechen)
conversar em particular, a sós

"Conversar entre quatro olhos (*Auge*)" indica o grau de privacidade de uma conversa, normalmente apenas entre duas pessoas.

○ Als mich mein Chef um ein Gespräch **unter vier Augen** bat, war ich mir sicher, dass ich gefeuert werden würde.

wie ein Wasserfall reden
falar pelos cotovelos

"Falar como uma cascata (*Wasserfall*)" aumenta o fluxo ininterrupto de água com o som tão característico que o acompanha, que pode até ser ensurdecedor. Aqui é clara e cristalina a comparação com aqueles acostumados a tomar a palavra e não largá-la durante toda a noite.

○ Manchmal nervt Anita ein bisschen, denn sie **redet wie ein Wasserfall**.

interromper

den Faden verlieren
perder o fio da meada

Frase extraída da atividade dos fiandeiros, utilizada quando alguém de repente se esquece do que ia dizer ou da ordem de seu discurso. Pois é possível falar enquanto se fia, mas, quando se perde o fio (a atividade principal), interromper-se é necessário.

○ Bei meinem letzten Vortrag **habe** ich leider einige Male **den Faden verloren**, das war peinlich.

jdm das Wort aus dem Mund(e) nehmen
tirar as palavras da boca de alguém

Expressão coloquial idêntica nos dois idiomas, indica que aquilo que nosso interlocutor diz é exatamente o que íamos dizer, ato que poderia se considerar um roubo involuntário ou uma feliz coincidência.

○ Mensch, du **nimmst** mir **das Wort aus dem Mund**, genau das wollte ich gerade sagen!

jdm in die Rede fallen, jdm ins Wort fallen
cortar alguém, interromper alguém

"Cair no discurso (*Rede*) ou na palavra (*Wort*) de alguém" tem o significado de interromper a outra pessoa enquanto ela ou ele está falando. Durante as conversas, os alemães têm fama de respeitar muito a vez de cada um falar e de esperar pacientemente que o outro termine antes de tomar a palavra. Talvez isso se deva ao fato de, nas orações subordinadas, o verbo ficar no final da oração, de modo que é preciso escutar pelo menos até esse momento. Porém nós soltamos o verbo logo de cara, e o interlocutor praticamente adivinha o que vamos dizer e nos interrompe; um mau hábito muito comum, sem dúvida.

○ Emma, es ist unhöflich, anderen Leuten **in die Rede** zu **fallen**! Du musst warten, bis du an der Reihe bist.

jdm über den Mund fahren
interromper alguém

"Passar por cima da boca (*Mund*) de alguém" significa interromper a pessoa enquanto fala ou até responder com agressividade.

○ Bitte, Schatz, ich würde dich bitten, **mir** vor anderen nicht noch einmal so **über den Mund** zu **fahren**.

calar

den Mund halten
ficar de boca fechada, calar a boca, fazer alguém fechar o bico

Ficar em silêncio em determinadas circunstâncias é considerado uma virtude, e todo mundo sabe, desde a mais tenra idade, que "em boca fechada não entra mosca". De forma imperativa, com esta expressão se convoca alguém a se calar ou guardar um segredo. Em seus equivalentes coloquiais ou vulgares, **Halt's Maul!** ou **Halt die Fresse!**, a palavra "boca" (*Mund*) sofreu um processo de animalização e se transformou em "focinho", dando à expressão um tom bem mais grosseiro.

○ Mit der Zeit habe ich gelernt, in bestimmten Situationen **den Mund** zu **halten**.

kein Sterbenswörtchen sagen
ser um túmulo, não dizer nada

Sterbenswort ou *Sterbenswörtchen* (palavra dita por quem está agonizando) é utilizada nesta expressão para indicar que alguém fica, ou deve ficar, em completo silêncio, sem sequer sussurrar uma palavra com o tom fraco próprio dos moribundos.

- Sie musste schwören, von der Überraschungsparty für den Chef **kein Sterbenswörtchen** zu **sagen**, sonst wäre alles umsonst.

kein Wort über etwas verlieren
não desperdiçar saliva, não se dignar a dizer algo

A mesquinharia comunicativa está associada, em geral, ao universo masculino, que entende esse gesto mínimo de comunicação que caracteriza toda a espécie humana como gasto desnecessário de saliva e de palavras. Falemos de tudo, com juízo e gentileza.

- Ich wusste gar nicht, dass Jan eine neue Freundin hat, er hat **kein Wort darüber verloren**, dass er sich von Monika getrennt hat.

Reden ist Silber, Schweigen ist Gold
a palavra é prata, o silêncio é ouro

Ditado idêntico em vários idiomas. O vencedor é quem não fala sobre que não sabe, vício muito difundido entre os que desconhecem o grau de sua ignorância. Também indica que em determinadas circunstâncias é melhor não falar nada.

- Zu Hannas Neuem habe ich lieber nichts gesagt. **Reden ist Silber, Schweigen ist Gold.**

IM ANMARSCH

IDAS E VINDAS

idas

die Fliege machen
cair fora, vazar

"Fazer a mosca (*Fliege*)" significa ir logo embora de um lugar, certamente em consonância com a facilidade que têm as moscas de levantar voo quando as espantamos ou de escapar quando tentamos pegá-las.

○ So, ich **mache** dann einmal **die Fliege**, ich muss noch Hausaufgaben machen.

immer der Nase nach
sempre em frente

"Sempre seguindo o nariz (*Nase*)"; ou seja, para frente, para onde aponta o olfato.

○ — Entschuldigen Sie, wissen Sie, wie ich zur nächsten Apotheke komme?
— Natürlich. Gehen Sie einfach an der nächsten Kreuzung links und dann **immer der Nase nach**.

sich auf die Socken / Beine machen
ir, partir, sair

"Ficar sobre as pernas ou as meias (*Socken*)" indica que é preciso sair urgentemente e sem mais demora para chegar a tempo a algum lugar.

○ Jungs, ihr solltet euch **auf die Socken machen**, sonst kommt ihr zu spät in die Schule.

sich aus dem Staub machen
sair em polvorosa, sair depressa

Esta expressão parecerá familiar nos dois idiomas para os apaixonados por filmes de faroeste. "Sair do pó (*Staub*)" alude à imensa poeira que se levantava quando alguém passava a toda velocidade por uma rua de terra batida. No âmbito das batalhas militares, referia-se à fuga inadvertida daqueles que davam mais valor à vida do que ao ardor bélico masculino.

○ Als bei der Demonstration auf einmal Unruhen begannen, **habe** ich **mich** schnell **aus dem Staub gemacht**.

sich die Füße / Beine vertreten
esticar as pernas

Esta frase é utilizada quando alguém passou muito tempo sentado ou em pé em algum lugar e precisa de um pouco de movimento para desentorpecer.

○ Ich gehe jetzt ein bisschen raus, um mir **die Füße** zu **vertreten**.

sich in Luft auflösen
sumir no ar, desaparecer

Muito similar à expressão brasileira, "dissipar-se no ar (*Luft*)" tem o significado de desaparecer sem deixar vestígios.

○ Mein Hund saß gerade noch neben mir. Dann habe ich nur kurz weggesehen und auf einmal war er weg. Wir haben stundenlang nach ihm gesucht, aber es ist, als **hätte er sich in Luft aufgelöst**.

sich verdrücken
sair à francesa

Expressão coloquial que alude à prática de sair sem se despedir. O verbo *verdrücken*, em seu uso transitivo e em registro familiar, significa "devorar", de modo que é fácil associar a voracidade na hora de comer um alimento ao súbito desaparecimento de uma pessoa.

○ Gestern habe ich einen tollen Mann kennengelernt. Wir haben dann die Nacht bei mir verbracht, aber noch vor dem Frühstück **hat** er **sich verdrückt**!

sich vom Acker machen
cair fora, vazar

Locução coloquial que significa "desaparecer", "cair fora". *Acker* é um "campo cultivado", uma "plantação", e *Ackerbau* é "agricultura".

○ So, ich **mach mich** dann mal **vom Acker**, ist ja schon spät.

über Stock und Stein
off-road, *aos trancos e barrancos*

"Sobre pau (*Stock*) e pedra (*Stein*)" é por onde caminha aquele que abandona a estrada e atravessa o campo. A expressão indica que algo acontece ou aconteceu passando-se por obstáculos difíceis e caminhos ruins e precários, cheios de raízes e pedras, no sentido figurado ou não.

○ Bei diesem Ausflug ist festes Schuhwerk erwünscht, denn es geht **über Stock und Stein**.

weg vom Fenster sein
desaparecer do panorama

"Estar fora da janela (*Fenster*)" significa não estar mais em evidência nem na moda.

○ Wenn die Wahlkampagne nicht gut geplant ist, **sind** auch eigentlich starke Parteien schnell **weg vom Fenster**.

vindas

ans Tageslicht / Licht kommen
vir a público
tornar-se público

"Chegar à luz do dia (*Tageslicht*)" significa tornar-se público; assim como o sol põe em evidência o que a noite esconde em sua penumbra.

○ Bei der Spendenaffäre handelt es sich um einen merkwürdigen Fall, bei dem möglicherweise nie die ganze **Wahrheit ans Tageslicht kommen** wird.

auf einen Sprung vorbeikommen
dar um pulo na casa de alguém

"Passar num pulo (*Sprung*)." Além de significar "pular", *springen* alude a um movimento rápido. É uma expressão familiar que indica uma visita curta a alguém. Veja que o substantivo *Sprung* é masculino, uma exceção à regra geral segundo a qual todos os substantivos terminados em *-ung* são femininos.

○ Tschüss, Hannah, die Party war toll. Morgen **komme** ich **auf einen Sprung vorbei** und helfe dir beim Aufräumen, o. k.?

etwas liegt in der Luft
há alguma coisa no ar

"Há alguma coisa no ar (*Luft*)" significa que se percebe a presença de algo, ainda que não esteja à vista de todos.

○ Wie schön, ich liebe diesen Geruch nach Blumen! Der Frühling **liegt in der Luft**!

im Anmarsch sein
aproximar-se, anunciar-se, estar iminente (algo)

A expressão de origem bélica "estar em marcha (*Anmarsch*)" tem tanto o sentido de "aproximar-se" como de "anunciar-se" ou de algo "iminente".

○ Ich glaube, bei mir **ist** eine Riesen-Erkältung **im Anmarsch**.

mit von der Partie sein
participar, inscrever-se

"Ser da partida (*Partie*)" significa participar, fazer parte de alguma atividade.

○ Wenn ihr am Wochenende Ski fahren geht, **bin** ich **mit von der Partie**!

DAS A UND O

IMPORTANTE OU IRRELEVANTE

importante

alles oder nichts
tudo ou nada

Expressão idêntica nos dois idiomas. Nas sociedades de pensamento binário e simplificador, tudo existe entre 1 e 0, entre o tudo e o nada, sem matizes intermediários.

○ Diesen Samstag heißt es **alles oder nichts** beim FC Köln. Eine weitere Niederlage würde den Abstieg bedeuten.

ans Eingemachte gehen
ir direto ao ponto,
ir ao X da questão

Das Eingemachte significa "conserva" e refere-se à preparação de alimentos para passar o inverno ou suportar épocas de escassez. A frase adquiriu o sentido de "substancial".

○ — Vielen Dank für Ihre Präsentation, Herr Daum!
— Nach diesen Erklärungen können wir also **ans Eingemachte gehen** und das Thema dieser Form des betreuten Wohnens näher klären.

auf alle Fälle
auf jeden Fall
de qualquer maneira

Esta afirmação exclui qualquer alternativa e afirma com contundência que se deve fazer algo "de qualquer maneira". Não confunda com o uso de conjunção adversativa ou modificativa *auf alle Fälle*, "em todo caso".

IMPORTANTE OU IRRELEVANTE

○ Wir müssen **auf alle Fälle** diesen neuen Film von George Clooney anschauen, der muss toll sein!

das A und O
o principal, o essencial

Com "o A e o O", ou seja, o princípio e o fim, alfa e ômega (primeira e última letras do alfabeto grego), designa-se o mais importante, o essencial, o cerne de um assunto.

○ Vertrauen ist **das A und O** in einer Beziehung.

der springende Punkt
*o ponto principal,
o cerne da questão*

"O ponto 'saltante' (*springend*)" é o que ressalta, o essencial, o decisivo em um assunto ou matéria.

○ Der **springende Punkt** für ein erfolgreiches Unternehmen ist die richtige Werbung.

es geht um die Wurst
chegou a hora da verdade

"É sobre a salsicha (*Wurst*)", ou seja, é sobre o que realmente importa. Chegou a hora de usar todos os recursos para atingir um objetivo. A locução alemã remonta às competições das festas populares, nas quais se agitava uma salsicha no ar para indicar o prêmio.

○ Nachdem die Vorentscheidung im Songcontest nun vorbei ist, **geht's um die Wurst**, denn immer noch 20 Jungstars wollen alle den ersten Preis gewinnen.

**es geht um Kopf
und Kragen**
*arriscar a vida, questão
de vida ou morte*

"É uma questão de cabeça e colarinho (*Kragen*, 'gola de uma peça de roupa')" é uma forma coloquial e contundente de dizer que o que está em jogo é nada mais nada menos que a própria sobrevivência.

○ Beim Bobsport **geht es um Kopf und Kragen**, denn schon ein winziger Fehler kann fatale Folgen haben.

in erster Linie
especialmente

"Em primeira linha" de importância, prioritariamente.

○ Bei meinen Angestellten zählt für mich **in erster Linie** die Motivation. Ein motivierter Mitarbeiter schafft doppelte Arbeit.

ins Auge springen
in die Augen springen
saltar aos olhos

Algo "salta aos olhos (*Augen*)" porque chama poderosamente a atenção, pelo motivo que for. É como se o que "saltasse" tivesse molas, de modo que não pudesse passar despercebido.

○ Dieser Pulli **ist** mir sofort **ins Auge gesprungen**, da waren alle anderen viel langweiliger.

last, but not least
por último, mas não menos importante

Esta locução em inglês, muito popular entre a população falante de alemão, alude a uma passagem de *Rei Lear*, de Shakespeare, e quer dizer que embora algo seja citado em último lugar, nem por isso é de menor importância.

○ Und **last, but not least** möchte ich auch noch unseren ehemaligen Vorstand bei dieser Feier herzlich willkommen heißen.

Schlagzeilen machen
causar sensação,
causar furor

"Fazer manchete (*Schlagzeile*)" significa que uma notícia gera repercussão na mídia e se transforma em um tema da atualidade.

○ Es geht um versuchten Mord und schweren Raub. Der inzwischen 46-jährige Täter **hat** 1995 **Schlagzeilen gemacht** – jetzt droht ihm eine lebenslange Haft.

(schon) die halbe Miete sein
algo é meio caminho andado

"Já ser meio aluguel (*Miete*)" alude a algo que representa um grande avanço para chegar ao sucesso final.

○ Der Titel **ist** beim Schreiben eines Romans **schon die halbe Miete** und kann beim Erfolg des Buches eine große Rolle spielen.

IMPORTANTE OU IRRELEVANTE

sich etwas nicht durch die Lappen gehen lassen
não deixar algo escapar

"Não deixar algo escapar pelos panos (*Lappen*)" é não perder uma oportunidade. Antigamente, os panos eram usados na caça para assustar o animal. Se ele os ignorava e os atravessava, "escapava pelos panos".

○ Morgen sind im Kaufhaus alle Waren um 50 % reduziert, das werde ich **mir** nicht **durch die Lappen gehen lassen**!

sich etwas zu Herzen nehmen
levar algo a sério, levar em consideração

O assunto aqui tratado deve ser abordado com seriedade. O "coração" se transforma, neste caso, em garantia frente a qualquer dúvida que possa surgir na cabeça.

○ Diesen Rat sollte man **sich zu Herzen nehmen,** um den Hund nicht zu überlasten und die Begeisterung für das Spiel aufrechtzuerhalten.

irrelevante

auf die leichte Schulter nehmen
não levar a sério, levar na brincadeira

"Carregar algo sobre o ombro (*Schulter*) leve" significa, coloquialmente, não levar um assunto tão a sério como exigiriam as circunstâncias.

○ Eine Entzündung im Mundraum sollte man nicht **auf die leichte Schulter nehmen**, da sie schnell das Herz in Mitleidenschaft ziehen kann.

da kräht kein Hahn (mehr) danach
algo não interessa a ninguém

"Por isso nenhum galo (*Hahn*) cacareja mais" significa que algo ou alguém se tornou tão extremamente irrelevante que ninguém lhe dá mais atenção.

○ **Es kräht kein Hahn danach**, was du für Noten in der Schule hattest, solange du in der Ausbildung gut warst.

etwas außer Acht lassen
deixar de lado,
prescindir de algo

Literalmente, significa "deixar fora da atenção"; ou seja, não vale a pena perder nenhum minuto com isso. Contudo, sua formulação negativa destaca a importância de algum assunto.

○ Selbstverständlich darf man bei der Planung einer Hochzeitsfeier auch die Kosten nicht **außer Acht lassen**.

etwas geht zum einen Ohr hinein und zum anderen (wieder) hinaus
algo entra por um ouvido e sai pelo outro

Quando alguém não presta atenção ao que ouve ou o esquece de imediato, dizemos que a coisa "entra por um ouvido e sai pelo outro", algo que costuma enlouquecer principalmente pais e educadores.

○ Gestern hat mich meine Mutter ganz schön geschimpft, weil ich daheim nicht mithelfe, aber **das geht mir zum einen Ohr hinein und zum anderen hinaus**.

sang- und klanglos
sem alarde

A banda do Titanic continuou tocando até o fim. Contudo, muitas coisas desaparecem de nossas vidas "sem cânticos nem sons": sem barulho, quase imperceptivelmente.

○ Viele Marken, die früher zu den führenden Herstellern zählten, verschwinden heute **sang- und klanglos** und werden durch andere ersetzt.

HAND IN HAND
JUNTOS OU SEPARADOS

am gleichen Strang ziehen
fazer esforço conjunto

"Puxar a mesma corda (*Strang*)" significa que todos perseguem o mesmo fim, trabalham conjuntamente para atingir um mesmo objetivo. *Strang* é uma palavra que caiu em desuso, salvo em algumas locuções. Hoje em dia é mais comum dizer *Seil* ou *Strick*.

○ Die Regierung und die Opposition **ziehen** bei der Arbeitspolitik nun endlich **am gleichen Strang**.

auf eigene Faust
por conta própria

"Por próprio punho (*Faust*)" significa de maneira independente, sob a própria responsabilidade.

○ Wir haben uns letztendlich entschlossen, Thailand **auf eigene Faust** zu entdecken und nicht mit einer Reisegruppe.

Hand in Hand arbeiten
trabalhar ombro a ombro

"Trabalhar mão com mão (*Hand*)" alude à cooperação, ao trabalho conjunto e, por extensão, também em equipe.

○ Nur, wenn alle **Spezialisten Hand in Hand arbeiten**, können wir qualitativ hochwertige Produkte produzieren.

im selben Boot sitzen
estar no mesmo barco

Boot é barca ou bote. Esta expressão, empréstimo do inglês *to be in the same boat*, significa que as pessoas ou os grupos humanos mencionados se encontram na mesma situação.

○ Ich denke, wir sollten auch den schwächeren Ländern in Europa helfen, letztendlich **sitzen** wir doch alle **im selben Boot**.

mit vereinten Kräften
em um esforço comum

A união faz a força. Essa antiga sabedoria popular se expressa em alemão dizendo "com as forças (*Kräfte*) unidas".

○ Die Bewohner des Dorfes bauten das zerstörte Gemeindehaus **mit vereinten Kräften** wieder auf.

unter einen Hut bringen
pactuar, acordar, entrar em acordo

"Pôr sob um chapéu (*Hut*)" significa harmonizar diferentes tarefas ou atividades, ou também pôr várias pessoas em acordo.

○ Für viele Mütter ist es manchmal schwierig, Arbeit und Familie **unter einen Hut zu bringen**.

AUF DRAHT

ESPERTO, BOBO OU LOUCO

esperto

auf Draht sein
estar/ficar esperto

Draht é o arame, o cabo telegráfico. "Estar no arame" significa estar atento. Possivelmente faz referência à época do telégrafo (*Telegrafendraht*), quando alguém estava localizável para qualquer negócio ou serviço.

○ Mein Vater **ist** ganz schön **auf Draht**, was die neuen Technologien angeht, das hätte ich nie gedacht.

auf Zack sein
estar/ser esperto, ser muito eficiente

A interjeição **zack, zack!** é utilizada para indicar que alguma atividade deve ser realizada imediatamente e deu origem à locução, cujo sentido é que alguém faz suas coisas bem e sem demora.

○ Wow, ich hätte nie gedacht, dass Anna eine so schwierige Aufgabe in Algebra lösen würde. Sie **ist** ganz schön **auf Zack**.

Köpfchen haben
ser um gênio

Para dizer que alguém é esperto ou inteligente, usa-se a expressão "tem cabecinha (*Köpfchen*)". Aqui se usa o diminutivo com certo sarcasmo.

○ Als mein Sohn beim IQ-Test so gut war, fühlte ich mich bestätigt. Ich habe ja schon immer gewusst, dass er **Köpfchen hatte**.

mit allen Wassern gewaschen sein
ser esperto, ser safo, ser uma raposa

O alemão diz "ter se banhado em todas as águas (*Wasser*)" com o sentido de ser astuto, hábil, de conhecer todos os truques. Esta expressão procede da linguagem dos marinheiros, que consideravam muito experientes aqueles que haviam atravessado as águas de muitos mares e oceanos.

○ Wer in dieser Arbeit aufsteigen will, der muss wirklich **mit allen Wassern gewaschen sein**.

nicht auf den Kopf gefallen sein
não ter nada de bobo

Com "não ter caído de cabeça" dizemos, em tom bem humorado, que quem nunca caiu conserva intactos os órgãos presentes na cabeça, junto com todas as suas faculdades.

○ Britta hatte bei unserem letzten Meeting eine tolle Idee, sie **ist** echt **nicht auf den Kopf gefallen**.

louco

eine Macke haben
estar maluco, estar louco

Macke significa "erro, defeito". Esta expressão, utilizada na linguagem informal e descuidada, é igualmente pejorativa em ambos os idiomas.

○ Dieser Typ **hat** ja wohl **eine Macke**, wie kann er nur in einem Krankenhaus rauchen?

eine Schraube locker haben
ter um parafuso solto, ter um parafuso a menos

A locução alemã diz "ter um parafuso solto", como dizemos em português. Os dois idiomas extraem essa imagem mecanicista do mundo da técnica, como se o ser humano fosse um Frankenstein cheio de parafusos e porcas.

○ Du **hast** echt **eine Schraube locker**! Wie kann man nur so bescheuert sein und sich nach vier Gläsern Bier noch ans Steuer setzen!

einen Vogel haben
estar louco

Literalmente significa "ter um pássaro", em conformidade com a antiga superstição que dizia que a loucura nos seres humanos se devia ao fato de pássaros ou outros animais fazerem ninhos no cérebro.

○ Dieser Mann **hat** wirklich **einen Vogel**, der rast mit 120 km/h durch die Stadt!

jdm einen Vogel zeigen
indicar (com o dedo) que alguém tem um parafuso a menos

A diferença em relação à expressão anterior é que nesta o falante leva o dedo (será por isso que em alemão se diz "mostrar um pássaro", como se o dedo fosse o bico?) à testa. Esse gesto é equivalente ao nosso de levar o dedo à têmpora para indicar que a outra pessoa é louca de pedra.

○ Solchen Verrückten kann man einfach nur **einen Vogel zeigen** ...

nicht alle Tassen im Schrank haben
não bater bem da bola, ser xarope

A expressão alemã diz, literalmente, "não ter todas as xícaras no armário", em alusão a alguma carência ou desordem mental mais ou menos transitória de que alguém parece sofrer. Outra possível tradução remetendo à esfera doméstica seria "não ter a cabeça bem mobiliada".

○ **Hast** du noch **alle Tassen im Schrank**? Du darfst doch nie eine Kerze anlassen und dann aus dem Haus gehen!

nicht ganz bei Trost sein
estar maluco, não estar em juízo perfeito

"Não estar totalmente em consolo (*Trost*)" alude à falta de sensatez da pessoa mencionada. A pergunta *Bist du noch ganz bei Trost?* se traduz por "Ficou louco?".

○ Hannes, du **bist** ja **nicht ganz bei Trost**! Du kannst doch nicht einfach so über die Straße rennen!

nicht mehr richtig ticken
não bater bem da bola

Ticken é o tique-taque do relógio. Nesta visão mecanicista do ser humano, o cérebro se transformou em um maquinário de relojoaria desregulado em relação ao fuso horário convencional de uma área.

○ Der alte Mann in der Wohnung neben uns **tickt nicht mehr richtig**. Er schreit oft ohne Grund herum.

sie noch alle (beisammen) haben
não estar em seu juízo perfeito

A tradução literal da locução alemã é: "continuar tendo todas". Talvez em referência às xícaras da expressão *nicht alle Tassen im Schrank haben*? Seja como for, seu significado alude à falta de entendimento ou juízo de alguém que faz uma bobagem.

○ **Hast** du sie **noch alle**? Du kannst doch nicht einfach mein Auto nehmen, ohne mich zu fragen!

von allen guten Geistern verlassen sein
perder a cabeça, ficar maluco

"Ter sido abandonado pelos bons espíritos (*Geister*)" significa agir de maneira irrefletida, sem pensar nas consequências.

○ Ja **bist du** denn **von allen guten Geistern verlassen**? Du kannst doch bei der Kälte nicht im T-Shirt hinausgehen!

tonto

dumm aus der Wäsche gucken / schauen
olhar com cara de bobo, surpresa

"Olhar da roupa suja (*Wäsche*) como um estúpido (*dumm*)" alude à cara de bobo que fazemos quando algo não sai como esperávamos.

○ Die Fahrgäste, die in Göttingen aussteigen wollten, **guckten dumm aus der Wäsche**, als der Zug an der Haltestelle vorbeifuhr. Sie konnten den Zug dann erst an der nächsten Haltestelle verlassen.

ein Brett vor dem Kopf haben
ser curto das ideias, ser meio limitado

"Ter uma tábua (*Brett*) na frente da cabeça" é uma expressão coloquial que sugere a dificuldade de entendimento de alguém. Tem origem na lavoura: quando um boi teimava em não trabalhar na canga, colocava-se uma tábua na frente de seus olhos.

○ Emma hat es einfach nicht gemerkt, dass der DVD-Player ausgesteckt war. Bei technischen Dingen **hat** sie echt **ein Brett vor dem Kopf**.

nicht bis drei zählen können
não saber nem contar até três, não saber nem quanto é 2 mais 2

"Não saber contar (*zählen*) até três" põe em dúvida a capacidade aritmética básica, entre muitas outras capacidades intelectuais, do indivíduo avaliado.

○ Martin **kann** wirklich **nicht bis drei zählen**. Wir haben über die Präsidenten Amerikas geredet und er kannte John F. Kennedy nicht!

schwer von Begriff sein
ser (alguém) duro de entender

"Ser de difícil entendimento (*Begriff*)" é uma expressão coloquial pejorativa que se refere a alguém que não "capta", *begreifen*, o funcionamento nem o significado das coisas.

○ Meiner Oma muss man vieles genau erklären. Sie **ist** schon sehr alt und etwas **schwer von Begriff**.

JEDEM DAS SEINE

O MESMO, O DIFERENTE

o mesmo

alle(s) in einen Topf werfen
enfiar tudo no mesmo saco, generalizar

"Pôr tudo em uma panela (*Topf*)" tem o claro sentido de misturar, generalizar sem discernimento. *Eintopf* é o ensopado no qual se pode colocar todo tipo de ingredientes de acordo com o gosto e os costumes.

○ Nicht alle Politiker sind korrupt, du darfst nicht **alle in einen Topf werfen**!

auch nur mit Wasser kochen
não ser nada de especial

"Cozinhar (*kochen*) somente com água" é uma forma coloquial de dizer que algo, por mais que pareça se destacar por sua forma ou aparência, na realidade não se diferencia tanto dos demais.

○ Diese Universität hat zwar einen sehr guten Ruf, aber letztendlich **wird** dort **auch nur mit Wasser gekocht**.

aus gleichem / dem gleichen Holz geschnitzt sein
ser tal e qual

"Ser esculpido na mesma madeira (*Holz*)" alude à semelhança de caráter entre duas ou mais pessoas. *Schnitzen* (esculpir) é o verbo específico empregado para o trabalho com madeira.

○ Er musste erkennen, dass seine Gegner **aus dem gleichen Holz geschnitzt waren** wie er und auch mit unfairen Methoden arbeiteten.

Gleich und Gleich gesellt sich gern
corpos iguais se atraem

"Igual (*gleich*) e igual se juntam com prazer" é usado quando se vê semelhança entre duas pessoas que andam juntas, sejam amigos, colegas ou um casal.

○ **Gleich und Gleich gesellt sich gern**: Nach neuesten Studien haben Paare oft einen ähnlichen Bildungsstand.

gleiches Recht für alle
igualdade de direitos para todos!

Desde a época da Revolução Francesa se exige "o mesmo direito (*Recht*) para todos". Tornou-se uma fórmula reivindicativa na luta por uma verdadeira igualdade entre os seres humanos, como contempla a Declaração Universal dos Direitos Humanos. Em linguagem coloquial, a expressão é utilizada para protestar contra o que se percebe como privilégio injusto.

○ Nur weil Paris Hilton berühmt und sexy ist, werden ihr besondere Rechte zugesprochen? Das finde ich unfair! **Gleiches Recht für alle**!

haargenau wie etwas sein
cara de um, focinho de outro

"Ter os cabelos idênticos (*haargenau*) a algo" intensifica a ideia de similaridade entre duas pessoas ou objetos. Encontrar diferenças entre dois fios de cabelo de uma mesma pessoa é tão difícil quanto entre duas gotas d'água.

○ Die Installation des Programms **ist** bei Windows 7 **haargenau wie** bei Windows XP.

wie der Vater,
so der Sohn
tal pai, tal filho

Há um debate aberto sobre a origem da similaridade de caráter entre pai e filho: trata-se de uma questão hereditária ou é fruto do ambiente no qual o filho foi criado? "Como o pai (*Vater*), assim o filho (*Sohn*)" é usado quando o comportamento de ambos mostra coincidências evidentes, independentemente da razão que as motive. Não é comum aplicar esta expressão a mãe e filha, embora nesse caso valham as mesmas regras.

○ — Emils Sohn Andreas ist wirklich ein Schurke und versucht, alle übers Ohr zu hauen.
— Das wundert mich nicht, **wie der Vater, so der Sohn**.

diferente

aus der Reihe tanzen
fazer as coisas do seu próprio jeito

"Dançar (*tanzen*) fora da fila" significa que alguém não se alinha voluntariamente e não segue as normas de um regulamento prescrito; ou seja, faz as coisas do seu jeito. Esta expressão provém das danças em fila nas quais os dançarinos seguem uma coreografia.

○ Bei einem Vorstellungsgespräch ist **aus der Reihe tanzen** erlaubt und sogar erwünscht. Es geht darum, sich von seinen Mitbewerbern positiv abzuheben.

dies und jenes
um pouco de tudo

Embora o pronome demonstrativo *jenes* já não seja muito habitual na linguagem coloquial, ficou cristalizado nesta expressão.

○ Ich muss morgen noch einmal **dies und jenes** einkaufen gehen.

gegen den Strom schwimmen
nadar contra a corrente

Assim como em português, quando alguém se opõe à opinião ou aos costumes da maioria, ele ou ela parece nadar contra a corrente (*Strom*), longe do conforto de se deixar levar até o mar, onde todas as águas se confundem!

○ Wer die Welt verbessern will, muss oft **gegen den Strom schwimmen**.

jedem das Seine
cada um tem aquilo que merece

Esta sentença ciceroniana tem a triste fama de ter sido utilizada como mensagem de boas-vindas na porta de entrada de alguns campos de concentração e extermínio nazistas, como o de Buchenwald, perto de Weimar. Por mais claro que pareça seu significado (cada pessoa deve ter aquilo que lhe cabe), a questão é estabelecer o critério para saber quem merece o quê e quem tem o poder de estabelecer isso.

○ — Was hältst du denn von meinem neuen Auto, Michi?
— Ich stehe nicht auf Oldtimer, aber **jedem das Seine**.

AUS DEM BAUCH HERAUS

MODOS DE AGIR

andere Saiten aufziehen
mudar as regras do jogo

Saite é a corda de um instrumento musical. "Pôr outras cordas" refere-se à ação (de quem ostenta um cargo de autoridade) de mudar as regras do jogo e proceder com mais severidade. A ideia é que a "melodia" dos subordinados soe melhor e mais de acordo com os desejos do diretor da orquestra.

○ Der Chef zu seinen Mitarbeitern:
So, jetzt werden in diesem Team **andere Saiten aufgezogen**: Ab jetzt wird streng überprüft, wer wann kommt und geht.

Art und Weise
do seu jeito

Art e *Weise* são sinônimos que significam "modo" ou "maneira". Ao usá-los juntos, a redundância ressalta a existência de uma arbitrariedade. *Weise* procede do antigo vocábulo germânico *wíse*, que nas incursões visigodas na península ibérica originario o termo "guisa" (à guisa de), já em desuso. *Weise*, somado a um adjetivo, forma os advérbios modais que em português acabam em -**mente**, como *normalerweise* ("normalmente").

○ Jeder lernt für Prüfungen auf seine eigene **Art und Weise**. Ich zum Beispiel schreibe viele Zusammenfassungen.

aus dem Bauch heraus
*agir por intuição
ou de forma impensada*

A expressão "pela barriga (*Bauch*)" é utilizada para dizer que uma pessoa toma uma decisão de maneira intuitiva, pouco ou nada pensada, quase por capricho. Não obstante, com frequência está associada ao modo de agir espontâneo dos gênios.

○ — Warum hast du denn auf einmal ein ganz anderes Fach studiert? Du fandest Mathe doch so toll.
— Ach, das war eine Entscheidung **aus dem Bauch heraus**.

einem geschenkten Gaul schaut man nicht ins Maul
a cavalo dado não se olham os dentes

O ditado "a um cavalo (*Gaul*) dado não se olha a boca (*Maul*)" diz, de modo rimado, que não devemos reclamar do que ganhamos de presente. A expressão provém das feiras onde se vende gado. Os compradores se guiam pela dentição para ter uma ideia de idade e saúde do animal que desejam adquirir.

○ Die Strickmütze, die mir meine Oma geschenkt hat, finde ich ja eigentlich gar nicht toll, aber man weiß ja: **Einem geschenkten Gaul schaut man nicht ins Maul**.

etwas auf Vordermann bringen
pôr no lugar, arrumar

Esta expressão coloquial significa "pôr em ordem", "arrumar de novo", e pode ser usada para espaços físicos, objetos ou grupos de pessoas. Provém do âmbito militar, no qual o *Vordermann* é o "homem que precede", ou seja, o homem que guia os outros soldados em formação.

○ So, für heute habe ich genug geschuftet, ich **habe** mein Büro endlich einmal **auf Vordermann gebracht**.

heimlich, still und leise / still und leise
na moita, discretamente

"Em segredo (*heimlich*), quieto (*still*) e silencioso (*leise*)", ou *still und leise*, na forma abreviada, é uma fórmula utilizada quando se pretende realizar uma mudança sem chamar atenção. O adjetivo *heimlich* ("segredo") procede de *Heim* ("lar, casa") e delimita a fronteira entre o âmbito privado (de casa) e o público (que fica fora do lar).

○ Tests von Verbraucherorganisationen ergaben, dass viele Händler bereits ab der Jahresmitte 2006 versucht haben, die Preise **heimlich, still und leise** anzuheben.

hinter verschlossenen Türen
a portas fechadas

Assim como na expressão homóloga em português, "a portas fechadas" indica que se trata de um espaço privado onde os assuntos são despachados "em sigilo". A expressão costuma ser usada quando se fala de negociações políticas.

○ Am Freitag hatte sich Clement mit den großen deutschen Energieversorgern RWE, E.on, Vattenfall und EnBW getroffen und dabei **hinter verschlossenen Türen** seine Überlegungen vorgestellt.

ins Blaue (hinein)
sem rumo, a esmo

"Adentrando o azul (*blau*)" expressa a falta de meta ou de um plano determinado.

○ Wir haben die Route für morgen absolut nicht geplant, wir werden einfach **ins Blaue hinein** fahren.

klar Schiff machen
fazer faxina

"Deixar o barco (*Schiff*) limpo", como fica claro, tem origem na linguagem marinheira e significa deixar o convés limpo e desobstruído. Daí derivou o sentido de arrumar e limpar, fazer faxina.

○ Heute habe ich endlich **klar Schiff** im Keller **gemacht**, das war wirklich nötig, es sah schlimm aus.

MODOS DE AGIR

kurzen Prozess machen
fazer um julgamento sumário, lidar de modo curto e grosso com alguém

"Fazer um julgamento curto (*kurz*)" significa proceder enérgica e categoricamente, muitas vezes sem permitir que o acusado se defenda.

○ Als der Schulleiter den Schüler beim Rauchen ertappte, **machte er kurzen Prozess** und schmiss ihn von der Schule.

mit beiden Beinen (fest) im Leben stehen
ter os pés no chão

"Ter as duas pernas firmes na vida (*Leben*)" retrata a pessoa que tem senso prático e sabe se virar em qualquer situação que a vida apresente.

○ Nachdem sie ihre Alkoholsucht mit einer Therapie überwunden hat, **steht** sie wieder **mit beiden Beinen fest im Leben**.

nach Lust und Laune
à vontade, como me der na telha

Esta fórmula, com a aliteração do "L" nos substantivos *Lust* ("prazer, vontade") e *Laune* ("humor"), indica que a pessoa realiza uma ação como quer, como lhe dá na cabeça.

○ Ich gehe mit meinen Kindern sehr gerne in den Indoor-Spielplatz, da können sie **nach Lust und Laune** herumrennen.

sein Wesen treiben
fazer o que quiser, ficar à vontade

Wesen significa "ser, substância, essência", mas na frase tem o significado de "atividade", em desuso no alemão moderno e cristalizado em frases feitas, como esta, de uso muito difundido.

○ Im Sommer **treiben** viele Masseure direkt am Strand **ihr Wesen**.

PFUI TEUFEL!

GOSTO OU NÃO GOSTO

gosto

auf den Geschmack kommen
ir tomando gosto

A metáfora culinária de "chegar ao gosto (*Geschmack*)" significa descobrir pouco a pouco o lado agradável e atraente de um assunto, não só da comida.

○ Zuerst fand ich Squash langweilig, aber jetzt **bin** ich **auf den Geschmack gekommen** und spiele zweimal die Woche.

etwas ist nicht mit Gold zu bezahlen
não ter preço

"Não poder pagar algo com ouro (*Gold*)" expressa até que ponto uma pessoa ou uma coisa é importante e valiosa para alguém.

○ Ein liebevoller Partner **ist nicht mit Gold zu bezahlen**.

Feuer fangen
entusiasmar-se, ficar encantado com algo/alguém

Seria muito bom se os piromaníacos ateassem fogo apenas em suas entranhas. Esta expressão, além de seu significado literal, significa apaixonar-se por algo e, por extensão, por alguém: apaixonar-se loucamente.

○ Nachdem er für eine Schularbeit viel über Archäologie lesen musste, **hat** er richtig **Feuer gefangen** und will nun sogar zu einer Ausgrabung.

für etwas / jdn Feuer und Flamme (sein)
entusiasmar-se por algo/alguém, ser louco por algo/alguém

"Ser fogo e chama (*Flamme*) por algo ou alguém" conota uma exaltação extraordinária que faz arder e soltar faíscas de emoção.

○ Als mir mein Mann von der Idee, eine Kreuzfahrt zu machen, erzählte, **war** ich sofort **Feuer und Flamme**.

heiß begehrt sein
ser muito solicitado, cobiçado

Begehren significa "ansiar, cobiçar" alguém ou alguma coisa. *Heiß* ("quente") funciona aqui como um advérbio multiplicador ou intensificador do adjetivo. Em português, diríamos "desejar ardentemente".

○ Der neue Band von Harry Potter **war** so **heiß begehrt**, dass er nach nur wenigen Tagen in allen Buchhandlungen ausverkauft war.

hin und weg sein von
estar louco por algo, estar encantado com algo

A partícula *hin* significa "para lá, ido, desaparecido" e se usa, por exemplo, em *hin und her*, "ir e vir". *Weg* significa "ausente". Algo que nos cativa por sua beleza nos deixa com a sensação de não estar nem em um lugar, nem em outro, perdidos pelo efeito provocado sobre o lado direito do cérebro.

○ Ich mag zwar eigentlich die Natur nicht so sehr, aber als wir Kreta besichtigten, **war ich hin und weg von** der Schönheit der Landschaft dieser Insel.

jdn in den Bann ziehen
enfeitiçar, cativar, encantar

Bann significa, aqui, "feitiço". A expressão indica que uma pessoa é prisioneira de algo que a deixou completamente fascinada.

○ Der letzte Roman von Charlotte Link **hat** mich völlig **in den Bann gezogen**.

keine zehn Pferde können jdn davon abhalten, etwas zu tun
não poder tirar algo/ alguém da cabeça

Dez cavalos, simbolizando o grau máximo de potência, dão uma pista da força com que uma ideia se fixa na cabeça de alguém e não há força física capaz de desviar a pessoa de sua determinação. É uma expressão que parece saída de um faroeste, mas na realidade, é extremamente campestre. (Veja também em *jdn bringen keine zehn Pferde dazu, etwas zu tun*, na página 149.)

○ Für mich war klar, dass **keine zehn Pferde mich davon abhalten könnten**, dahin zu fahren.

wild auf etwas sein
ter vontade de, morrer por, estar louco por

"Estar selvagem (*wild*) por algo" tem o significado claro de desejar alguma coisa com tanto afinco que a pessoa perde os modos e todo o controle civilizado para consegui-la.

○ Seit der Schwangerschaft **bin** ich ganz **wild auf** Kirschen, ich habe heute schon ein ganzes Kilo verdrückt!

indiferente

(etwas) egal sein
dar na mesma, ser indiferente, tanto faz

Esta expressão alemã de uso muito frequente significa que não há predileção por algo, que a decisão é indiferente.

○ — Wollen wir ins Kino gehen oder lieber Bummeln?
 — Das **ist mir egal**.

jdm geht etwas am Arsch vorbei
não estar nem aí com algo/ alguém, não se importar

"Algo passou roçando a bunda (*Arsch*) de alguém" é uma expressão grosseira para indicar frieza e indiferença.

○ — Hannah, Mama hat doch gesagt, dass du heute nicht Playstation spielen darfst!
 — **Das geht mir** aber **am Arsch vorbei**!

jdm Wurst sein
importar um caralho

"Ser uma salsicha (*Wurst*) para alguém" é o que diz esta expressão coloquial alemã. A escolha da salsicha no alemão pode se dever a uma percepção subjetiva de algo muito comum no país.

○ Was meinst du, gehen wir heute lieber ins Pub oder in die Disko? Das **ist mir Wurst**.

schnuppe sein
importar um caralho

Schnuppe (pavio carbonizado de uma vela ou lamparina) é uma palavra proveniente das falas e idiomas do norte da Alemanha. Em sentido figurado, refere-se a algo que carece absolutamente de valor.

○ — Ingrid, Mama hat doch gesagt, du darfst heute nicht ausgehen!
— **Das ist mir schnuppe**, ich gehe trotzdem!

schnurzpiepegal sein
importar um caralho

Expressão de indiferença pertencente à linguagem vulgar e descuidada. *Schnurzpiep* e *Piep* não têm um significado próprio e servem para dar ênfase. Na mesma sintonia e tom, também existe a expressão *scheißegal sein* ("importar uma merda").

○ — Ich habe dir doch gesagt, dass Henrik eine Freundin hat!
— Das **ist mir schnurzpiepegal**, wenn er mich will, hat sie eben Pech gehabt!

teils, teils
assim-assim, mais ou menos

Esta expressão significa "em parte", mas costuma ser utilizada para dar a entender que algo não foi extraordinário, que se desenrolou dentro da normalidade.

○ — Na, war es schön im Urlaub?
— **Teils, teils.**

wenn es weiter nichts ist
só isso?

Nesta locução, sua entonação é de pergunta para diminuir a importância daquilo que se pede, que não parece abusivo à pessoa solicitada. Esta pede implicitamente que o outro confirme que não haverá mais nada.

○ — Andreas, kannst du mir am Samstag beim Umzug helfen?
— Klar, **wenn es weiter nichts ist**.

não gosto

die Nase (über etwas) rümpfen
olhar com desprezo, torcer o nariz

"Franzir o nariz (*Nase*)" é uma expressão muito gráfica com a qual se dá a entender que algo ou alguém tem pouco valor.

○ Lange Zeit **hat** man über Holzhäuser nur **die Nase gerümpft**, aber inzwischen sind sie in ganz Europa zu einer preisgünstigen Alternative geworden.

etwas geht jdm gegen den Strich
ser ultrajante

"Ir contra a linha (*Strich*) de alguém" significa deixar uma pessoa exasperada, por ir contra tudo aquilo que ela ou ele considera aceitável.

○ Dass wir für die Fehler der Regierung zahlen müssen, **geht mir** absolut **gegen den Strich**!

jdm ein Dorn im Auge sein
ser um pé no saco, ser um estorvo

"Ser um espinho (*Dorn*) cravado no olho", literalmente, é usado quando algo ou alguém é um estorvo, um obstáculo insuportável.

○ Der Bildschirm gefällt mir eigentlich sehr gut, aber der **Preis ist** mir **ein Dorn im Auge**.

jdm nicht in den Kram passen
(algo) cair mal (a alguém), não digerir algo, cair como um balde de água fria

"Não caber direito entre suas coisas (*Kram*)" significa que um comentário tem má aceitação e é extremamente desagradável para outra pessoa; ou que um fato é considerado fora do lugar.

- Es **passte** meiner Kollegin gar **nicht in den Kram**, dass der Chef mich als seine beste Mitarbeiterin vorstellte.

jdn bringen keine zehn Pferde dazu, etwas zu tun
não fazer algo nem que paguem, por nada neste mundo

"Nem dez cavalos (*Pferde*) levam alguém a fazer algo", ou seja, quem fala assim não faria certa coisa por nada neste mundo. O cavalo simboliza a força e a resistência nos trabalhos mais duros do campo. (Veja também *keine zehn Pferde können jdn davon abhalten, etwas zu tun*, na página 146.)

- **Mich bringen keine zehn Pferde dazu**, noch mal ein Produkt von diesem Hersteller zu kaufen!

null / keinen Bock (haben)
não ter vontade, não estar a fim

Bock é, na realidade, bode. Esta expressão pertence especialmente à linguagem juvenil e coloquial para indicar que algo não desperta interesse.

- — Kommst du mit ins Kino?
  —Nein, **keinen Bock**, ich bleibe lieber zu Hause.

Pfui Teufel!
que nojo!

Pfui é uma interjeição de desgosto. Soa como se cuspíssemos algo desagradável ao paladar. A menção ao diabo (*Teufel*) intensifica essa sensação.

- **Pfui Teufel**! Mama, das schmeckt ja furchtbar!

zum Teufel (noch mal)
por todos os diabos!, quem foi que

Exclamação de extrema raiva.

- Wer **zum Teufel** hat schon wieder meine Unterlagen verlegt? Ich brauche sie jetzt sofort!

NUR MUT!

MEDO OU CORAGEM

medo

Aftersausen / Muffensausen bekommen / kriegen
cagar-se de medo, borrar as calças

Muffensausen haben
ter paúra, morrer de medo

Estas duas expressões de sentido figurado utilizam o substantivo *Muffensausen* (*Muffe*, "paúra") ou *Aftersausen* (*After*, "ânus"; esta fórmula é menos habitual e, sem dúvida, mais grosseira do que a primeira) para expressar a sensação de medo ou pânico que sentimos em determinadas circunstâncias e que pode se traduzir em uma manifestação fisiológica específica.

○ 1) *Beim Bergwandern:*
Gehe lieber nicht zu nah an den Abgrund, sonst **bekommst** du noch **Muffensausen**.

2) Vor der Fahrprüfung **habe** ich totales **Muffensausen** …

das Herz in die Hose rutschen
ficar lívido, sentir a alma deixar o corpo, morrer de medo

"Ter o coração escorregado pelas calças (*Hose*)" é o que diz literalmente esta expressão alemã para exprimir a angústia diante de uma situação delicada.

○ Als mich diese tolle Frau in der Disko anlächelte, ist mir **das Herz in die Hose gerutscht** und ich habe mich nicht getraut, sie anzusprechen.

den Kopf in den Sand stecken
esconder a cabeça na areia/terra

"Enfiar a cabeça na areia (*Sand*)"; ou seja, tentar fugir da realidade diante de acontecimentos decisivos ou evitar um perigo em vez de pegar o touro pelos chifres. A propósito, a história de que o avestruz esconde a cabeça na terra quando vê um perigo é completamente equivocada.

○ Wichtig ist, dass man in schwierigen Lebensphasen nicht einfach **den Kopf in den Sand steckt**, sondern sich bei anderen Hilfe sucht.

den Schwanz einziehen
enfiar o rabo entre as pernas

Os cães enfiam o rabo (*der Schwanz*) entre as patas quando querem mostrar medo ou submissão. A palavra *Schwanz* (quando é feminina) também pode fazer referência, em um registro coloquial, ao pênis, que igualmente se esconde diante de uma situação de perigo.

○ Ich mag keine Leute, die bei der kleinsten Schwierigkeit gleich **den Schwanz einziehen**.

die Pferde scheu machen
provocar inquietude

Quando alguém "desboca os cavalos" causa inquietude, agitação ou medo. Transmite preocupação aos outros, de modo que todos acabam se irritando.

○ Jetzt **mach** doch nicht gleich **die Pferde scheu** und warte ab, was bei der Untersuchung herauskommt!

kalte Füße bekommen
ficar com medo, amarelar

"Ficar com os pés (*Füße*) frios" significa, em sentido figurado, que a pessoa renuncia a um plano ou a um propósito porque pensou melhor ou ficou com medo. Parece que esta expressão procede do mundo dos jogos de azar: era a desculpa habitual que se dava para abandonar a mesa de jogo e, assim, assegurar os ganhos obtidos até o momento.

○ Hast du schon gehört? Am Tag vor der Hochzeit **bekam Rainer kalte Füße** und sagte alles ab! Die arme Lena hat tagelang nur geheult!

Torschlusspanik haben / bekommen
medo de perder a oportunidade

Torschluss significa "fechamento das portas" e fazia referência às antigas cidades medievais muradas. Esse medo de não chegar a tempo à cidade protegida intramuros passou a exemplificar o pânico, à medida que a pessoa vai ficando mais velha, de perder algumas oportunidades ou certos acontecimentos importantes na vida, como a maternidade, no caso de muitas mulheres.

○ — Emma hat ihren Hannes nach nur sechs Monaten Beziehung geheiratet!
— Klar, sie hat wohl **Torschlusspanik bekommen** mit ihren 37 Jahren.

coragem

die Zähne zusammenbeißen
apertar os dentes, suportar

Esta expressão alude ao hábito de apertar os dentes quando se realiza um grande esforço e significa suportar estoicamente uma dor ou uma adversidade para continuar na luta.

○ — Mir graust es schon vor den vielen Examen in den nächsten Wochen.
— Das schaffst du! Einfach die **Zähne zusammenbeißen** und bald hast du es hinter dir.

nur Mut!
ânimo!,
coragem!

"Só coragem (*Mut*)!" é uma exclamação que incentiva uma pessoa a reunir a coragem necessária para enfrentar algo.

○ — Mensch, ich habe solche Angst vor meinem Vortrag!
— **Nur Mut**, du machst es bestimmt super!

sich ein Herz fassen
reunir coragem

Fassen significa "tomar, pegar". "Tomar um coração (*Herz*)" é utilizado quando alguém faz um grande esforço para reunir toda sua coragem para, por exemplo falar com a pessoa por quem está apaixonado.

○ Er **fasste sich ein Herz** und sprach endlich seine Traumfrau an.

sich in die Höhle des Löwen wagen
entrar na boca do lobo

"Atrever-se a entrar na cova (*Höhle*) do leão (*Löwe*)" significa expor-se a um perigo conscientemente (e não por ignorância) ou não ter medo de enfrentar alguém muito mais forte. A propósito, leão, *Löwe*, é um substantivo pertencente à declinação em -n.

○ Was, du willst gegen den Vorschlag stimmen? Na, da **wagst** du dich aber in **die Höhle des Löwen**.

über seinen eigenen Schatten springen
superar a si mesmo

Quando queremos alcançar uma meta ambiciosa, temos de fazer um grande esforço, às vezes chegar aos nossos próprios limites e, se possível, vencê-los. "Pular a própria sombra (*Schatten*)" é uma excelente imagem gráfica para mostrar o espírito de superação em plena ação.

○ Manchmal muss man **über seinen eigenen Schatten springen,** um das zu erreichen, was man sich wirklich wünscht.

IN DER BLÜTE DES LEBENS

NASCER, CRESCER OU MORRER

nascer

Kinder in die Welt setzen
trazer filhos ao mundo

"Pôr filhos (*Kinder*) no mundo (*Welt*)" é usado especialmente em tom de crítica a nosso desejo inato de procriar e contribuir com o aumento demográfico da humanidade.

○ In schwierigen Zeiten fragen sich immer mehr Paare, ob es sich überhaupt lohnt, **Kinder in die Welt zu setzen**.

crescer

in den besten Jahren
na melhor idade

Quem se mantém jovem de espírito sempre estará em seus melhores anos, posto que a juventude não se mede pela idade, e sim pela força interna. Esta expressão é utilizada para recordar às pessoas queridas que envelhecer em si não é ruim.

○ — Vielleicht sollte ich nicht mehr so viel ausgehen.
— Ach, Mama, mit 50 bist du doch **in den besten Jahren**, da ist das doch in Ordnung!

in der Blüte des / jds Lebens
na flor da idade

Similar à versão em português (*Blüte* significa "flor"), a expressão faz referência aos anos dourados de uma pessoa, quando todas as possibilidades estão abertas.

○ Anjas Tod hat mich sehr mitgenommen, sie war doch gerade **in der Blüte ihres Lebens**.

(noch) grün hinter den Ohren sein
ser novato, inexperiente

"Estar verde (*grün*) atrás das orelhas (*Ohren*)" indica a falta de experiência ou de maturidade, seja por ser jovem demais ou por não ter a quilometragem necessária em uma atividade ou ofício.

○ Der neue Schreinerlehrling **ist** noch **grün hinter den Ohren**, weswegen er bestimmte Maschinen noch nicht bedienen darf.

von Kindesbeinen an
desde criança, desde a mais tenra idade

A palavra *Kindesbeine*, que significa literalmente "pernas de criança", é utilizada exclusivamente nesta construção para se referir ao tempo passado desde a mais tenra idade, desde o momento em que aprendemos a ficar em pé até hoje; ou seja, a vida toda.

○ Das Leben der 50-jährigen Mörderin bestand **von Kindesbeinen an** nur aus Arbeit und Gewalt, wie sie in ihrem Geständnis zugab.

morrer

das Zeitliche segnen
ir desta para a melhor

"Abençoar (*segnen*) o temporal" é o que diz literalmente esta expressão alemã, que tem dois significados. O primeiro pertence à linguagem culta, como sinônimo de "morrer" depois de ter resolvido os assuntos "temporais" ou "terrenos". O segundo, derivado do anterior, pertence à linguagem coloquial e alude, em tom jocoso, a algo que está completamente fora de moda.

○ 1) Leider **hat** mein Onkel am Montag nach langer Krankheit **das Zeitliche gesegnet**.

2) Ein sicherer Indikator dafür, dass man selbst älter wird, ist die Tatsache, dass die Bandleader aus der Jugend reihenweise **das Zeitliche segnen**.

dem Tod von der Schippe springen
burlar a morte, nascer de novo

"Pular da pá (*Schippe*) da morte (*Tod*)" significa escapar por pouco dela, sobrevivendo a uma situação de perigo mortal. *Schippe* ("pá") é o substantivo empregado no norte da Alemanha; mas o termo mais comum no alemão padrão é *Schaufel*.

○ Mein Schwager hatte einen schweren Autounfall, bei dem er innere Verletzungen erlitt. Der Arzt meinte, er **wäre dem Tod von der Schippe gesprungen** und verdanke sein Leben dem raschen Handeln der Rettungskräfte.

den Löffel abgeben
esticar as canelas

"Entregar a colher (*Löffel*)" alude, com certeza, ao fato de que o falecido não vai mais precisar se alimentar. Expressão eufemística da linguagem vulgar para se referir à morte *non grata*.

○ Letztendlich werden wir doch alle einmal **den Löffel abgeben** müssen.

ins Gras beißen
comer capim pela raiz

"Morder a grama (*Gras*)" é uma expressão aplicada apenas a quem já faleceu. A imagem remonta aos feridos das muitas guerras inúteis de nossa torpe humanidade que caíam na terra e mordiam a grama para suportar as dores de suas feridas mortais.

○ Nun **hat** auch noch meine Großtante **ins Gras gebissen**. Von meiner einst großen Familie ist nicht mehr viel übrig ...

jdm den Garaus machen
deter um delinquente

Esta expressão significa, em sua acepção original, eliminar alguém ou matá-lo. Hoje em dia é utilizada especialmente com a ideia de deter um delinquente e acabar com seus atos criminais. A palavra *Garaus* remonta à exclamação utilizada nas regiões do sul (*gar aus!*) para indicar a hora do fim do expediente.

○ Die Polizei will nun Internetgaunern **den Garaus machen**, indem sich Beamte als mögliche Kunden ausgeben.

jdm die letzte Ehre erweisen
prestar a última homenagem

Expressão da linguagem culta, similar nos dois idiomas, que com *Ehre* ("honra") intensifica o valor simbólico do funeral como cerimônia de despedida definitiva.

○ Als der bekannte Komiker starb, kamen Hunderte von Leuten, um **ihm die letzte Ehre zu erweisen**.

jds Uhr ist abgelaufen
chegar a hora de alguém

Apesar de esta expressão ser utilizada em linguagem culta como sinônimo de "morrer", na verdade ela é usada com mais frequência na linguagem coloquial com o sentido figurado de finalizar, quando algo chegou ao fim.

○ Zum Jahreswechsel hat Borussia Dortmund den Trainer gefeuert, seine **Uhr war** schon lange **abgelaufen**.

ALLES PALETTI

TUDO BEM OU TUDO MAL

divertir-se

(voll) auf seine Kosten kommen
estar contente, dar-se por satisfeito

"Aproveitar plenamente seus gastos (*Kosten*)" é uma expressão usada quando o dinheiro investido ou gasto em algo é considerado plenamente compensado, e não um desperdício do qual se arrepender.

○ Na, bei der Musik, die gestern gespielt wurde, **bist** du ja **voll auf deine Kosten gekommen**, genau dein Stil!

alles in Butter
tudo em ordem, tudo sob controle, tudo redondinho

"Tudo na manteiga (*Butter*)" é uma expressão tranquilizadora para indicar que não há problema algum, que tudo está indo bem. A referência à manteiga tem a ver com a inegável reputação de que goza esse ingrediente imprescindível na gastronomia germânica.

○ *Frau zu ihrem Mann am Telefon:*
— Na, Schatz, ist bei euch alles in Ordnung?
— **Alles in Butter**. Die Kinder sind mit dem Essen fertig und jetzt spielen wir etwas.

alles paletti!
tudo bem!, melhor, impossível

Exclamação de origem incerta que indica que tudo está ótimo.

○ — Na, Hannes, wie geht's so im neuen Haus?
— **Alles paletti**!

auf den Putz hauen
fazer uma festa de arromba

"Bater no gesso (*Putz*)" significa celebrar para valer. Nesta expressão, subentende-se que na festa feita em casa (na Alemanha faz frio demais para reuniões ao ar livre), o grau de alegria alcançado é tal que se bate nas paredes e o reboco cai.

- Nächste Woche feiere ich meinen 30. Geburtstag, da werden wir einmal richtig **auf den Putz hauen**!

aus dem Häuschen sein
não caber em si

"Estar fora da casinha (*Häuschen*)" expressa um grau elevadíssimo de alegria, motivada por uma notícia ou circunstância feliz.

- Als ich erfahren habe, dass ich eine Reise gewonnen habe, **war** ich ganz **aus dem Häuschen**.

da geht die Post ab
ser um lugar legal, animado, divertido (para ambientes)

Essa expressão diz que em determinado lugar reina um ambiente maravilhoso.

- Gehen wir doch in diese neue Disco, **da** soll angeblich richtig **die Post abgehen**.

das Herz lacht, jdm lacht das Herz im Leibe
o coração pula de alegria

"O coração ri (*lacht*) dentro do corpo" expressa, com uma imagem acertada, essa grata sensação de regozijo interior.

- Es ist wunderschön, einmal wieder die ganze Familie zu sehen, da **lacht** mir **das Herz**!

die Sau rauslassen
divertir-se com desinibição, soltar a franga

"Soltar a porca (*Sau*)"; ou seja, comportar-se espontaneamente de acordo com o que a pessoa está a fim no momento, sem as reservas nem as contenções impostas pela vida social.

- Ich freue mich schon darauf, einmal wieder mit der Clique richtig **die Sau rauszulassen**.

etwas zum Besten geben
contar/representar algo

Representar ou narrar algo em público para entretenimento. Pode se tratar de uma canção, uma peça de teatro ou um monólogo cômico. Qualquer manifestação que sirva para distrair.

○ Auf der Geburtstagsfeier meines Vaters hat sein Onkel eine Einlage **zum Besten gegeben**, die echt genial war.

guter Dinge sein
estar de bom humor

Expressão utilizada quando alguém está alegre e eufórico.

○ Ich **bin** da **guter Dinge**, bestimmt bekomme ich bald meinen ersehnten Studienplatz.

Hahn im Korb (sein)
ter tratamento privilegiado

"Ser o galo no cesto (*Korb*)" significa receber tratamento preferencial, por exemplo, por ser o único homem em um círculo no qual predominam as mulheres.

○ Bei seinen drei Schwestern **ist** Hannes **der Hahn im Korb**.

in seinem Element sein
estar no seu elemento

Expressão similar em ambos os idiomas para indicar que alguém se encontra em um ambiente mais adequado ao seu jeito de ser ou que realiza a atividade de que mais gosta e, portanto, sente-se feliz e satisfeito.

○ Man merkt, dass sie richtig **in ihrem Element ist**, wenn sie Kinder um sich hat.

Leben in die Bude bringen
animar o ambiente

"Dar vida à tenda (*Bude*)" é utilizado quando temos de animar um ambiente chocho, normalmente em celebrações ou festas.

○ Mensch, ist diese Party langweilig, wir sollten etwas **Leben in die Bude bringen**.

sich den Luxus erlauben, etwas zu tun
dar-se ao luxo de

Expressão idêntica em ambos os idiomas que justifica se permitir um extra porque está sobrando alguma coisa (não só dinheiro).

○ Hannes ist ein sehr guter Schüler, der kann **sich** auch einmal **den Luxus erlauben**, nichts für eine Prüfung **zu lernen**, weil er schon so tolle Noten vorgelegt hat.

sich nicht mehr einkriegen vor Freude
não caber em si

O verbo reflexivo *sich einkriegen* significa "dominar-se". A expressão alemã, igual à brasileira, utiliza a negação para mostrar como uma pessoa está tomada por tamanha sensação de alegria que chega ao extremo de pensar que vai explodir.

○ Ich **habe mich** gestern fast nicht mehr **eingekriegt** vor Freude, nachdem ich erfahren habe, dass wir ganze 20.000 Euro im Lotto gewonnen haben.

so lala
assim-assim, mais ou menos

Esta expressão de sonoridade francesa mostra que alguém se encontra em um impasse e que antes de se decidir por um "ruim" prefere um "não fede nem cheira".

○ — Na, Anne, wie geht's dir?
— **So lala**, ich habe momentan leider ziemlich viel Stress.

tudo mal

den Kopf hängen lassen
andar cabisbaixo

"Deixar a cabeça pendurada (*hängen*)" parece um sintoma inequívoco de que algo não vai bem e conota desalento, tristeza e desânimo.

- Das Wichtigste ist, dass der Patient nur nicht **den Kopf hängen lässt** und weiter an seine Genesung glaubt.

ein Gesicht wie sieben Tage Regenwetter machen
cara de poucos amigos

"Fazer cara de sete dias de chuva (*Regenwetter*)" é um retrato hiperbólico da cara de uma pessoa que está de muito mau humor. O mau tempo prolongado, sem dúvida, dificulta o sorriso. Dependendo do grau de franzimento do cenho, o número de dias de mau tempo pode oscilar entre três (*drei*) e catorze (*vierzehn*).

- Mensch, Andi, was ist denn mit dir los? Du machst ja **ein Gesicht wie sieben Tage Regenwetter**!

ein Häufchen Unglück / Elend
arrasado

Quando uma pessoa se encontra em um estado tão deplorável de infelicidade a ponto de não conseguir disfarçar, dizemos que parece "um montinho (*Häufchen*) de infelicidade (*Unglück*) ou miséria (*Elend*)".

- Nach der Niederlage seiner Mannschaft saß der Trainer da wie **ein Häufchen Unglück**.

ein langes Gesicht machen
fazer bico

Expressão similar nos dois idiomas para indicar a mudança de semblante de alguém, que se torna incapaz de disfarçar a profunda decepção ou raiva que o domina.

- Jetzt **mach** nicht so **ein langes Gesicht**, der dritte Platz ist doch super!

hart auf hart kommen / gehen
partir para cima, sair no braço

"Ir duro sobre duro (*hart*)" significa servir-se apenas da força (sem armas) e em grau extremo. Por extensão, também se aplica a disputas verbais.

○ Wenn es **hart auf hart kommt**, schrecken manche Pressesprecher auch vor dreisten Lügen nicht zurück.

heulen wie ein Schlosshund
chorar desesperadamente

Quando uma pessoa chora desconsoladamente podemos usar esta expressão: "uivar como um cachorro de palácio (*Schlosshund*)". Esse pranto é encarado com certa ironia, o que às vezes consegue nos arrancar um sorriso ou nos desculpa pelo fato de nos termos deixado levar pela emoção.

○ Bei "Titanic" musste ich **heulen wie ein Schlosshund**. Ich fand den Film sehr traurig.

im falschen Film sein / sitzen
sentir-se um peixe fora d'água

Expressão que denota a estranheza que uma pessoa sente quando não se encaixa em determinada situação ou não se sente à vontade em dada circunstância, como se houvesse entrado na sala do filme errado.

○ Und als ich dann gemerkt habe, welche Leute da auf dieser Party waren, habe ich gedacht, ich **sitze im falschen Film**.

jdm schlägt etwas aufs Gemüt
deixar alguém arrasado

Quando "algo bate no ânimo (*Gemüt*) de alguém", deixa-o deprimido, desanimado, totalmente desencorajado.

○ Die ganze Sache mit dem Todesfall in der Arbeit **schlägt mir** ganz schön **aufs Gemüt**.

kein erfreulicher Anblick sein
ser uma visão do inferno

Uma imagem (*Anblick*) que desagrada é ilustrada aqui, eufemisticamente, como "nada agradável (*kein erfreulich*)".

○ Eine Leiche vor sich zu haben, **ist kein erfreulicher Anblick**. Manchmal frage ich mich wirklich, warum ich Polizist geworden bin.

nahe am Wasser gebaut haben
ser manteiga derretida

A expressão "ter construído (*bauen*) perto da água" alude à propensão de uma pessoa a chorar (*weinen*).

○ Seitdem ich schwanger bin, **habe** ich sehr **nah am Wasser gebaut**, ich heule wegen jeder Kleinigkeit los.

nicht in jds Haut stecken wollen
não querer estar na pele de alguém

Formulação de sentido idêntico nos dois idiomas que significa estar muito agradecido por não se encontrar na desagradável situação de outra pessoa.

○ Moritz hat heute erfahren, dass seine Schwester versucht hat, sich umzubringen. **In seiner Haut möchte** ich nun wirklich **nicht stecken!**

Not leiden
estar na miséria

A locução "sofrer (*leiden*) miséria" indica uma situação econômica de extrema necessidade.

○ Heute gibt es viele ehemalige Mittelklassefamilien, die nun **Not leiden** und kaum ihren Hunger stillen können.

Rotz und Wasser heulen
chorar como um bezerro desmamado

"Chorar ranho (*Rotz*) e água" é uma expressão coloquial que conota um pranto barulhento e lacrimoso. É berrar como um bebê.

○ Bei diesem romantischen Film **habe** ich **Rotz und Wasser geheult**! Ich kann ihn dir nur empfehlen.

Trübsal blasen
estar triste

A expressão "soprar melancolia (*Trübsal*)" se refere a um estado de tristeza e aflição. Ao que parece, esta expressão alude indiretamente aos instrumentos de sopro (*Blasinstrumente*) que costumavam interpretar peças tristes durante as pompas fúnebres.

○ Anstatt hier zu Hause **Trübsal** zu **blasen**, solltest du lieber rausgehen und dich amüsieren!

vor die Hunde gehen
arruinar-se, quebrar

"Ir na frente dos cães (*Hunde*)" significa acabar na ruína. A menção aos cães se deve à linguagem dos caçadores: a pessoa ou a entidade arruinada seria a peça caçada pela matilha incansável de cães de caça.

○ Experten warnen: Wenn die Banken nicht dazu animiert werden, wieder Kredite zu vergeben, könnten auch viele gesunde Unternehmen **vor die Hunde gehen**.

esperança

dein Wort in Gottes Ohr!
Deus te ouça!, amém

"Sua palavra na orelha (*Ohr*) de Deus (*Gott*)" é o que diz literalmente esta expressão, e com ela expressamos o desejo de que aquilo que nosso interlocutor acabou de dizer se torne realidade.

○ — Dein Problem sollte mit dem zweiten Update behoben sein.
— **Dein Wort in Gottes Ohr!**

die Hoffnung aufgeben
perder as esperanças, jogar a toalha

Se a esperança (*Hoffnung*) é a última que morre, quando renunciamos a ela e dizemos "não aguento mais, fico por aqui", perdemos tudo. Em português a esperança "morre", em alemão, renunciamos (*aufgeben*) a ela.

○ Der Verunglückte **hatte** schon **die Hoffnung aufgegeben**, je gefunden zu werden, als ein Hubschrauber kam.

die Hoffnung stirbt zuletzt
a esperança é a última que morre

"A esperança é a última que morre (*sterben*)" expressa que, mesmo em uma situação aparentemente sem saída, queremos continuar sendo otimistas e acreditar que ainda pode haver uma solução.

○ **Die Hoffnung stirbt** bekanntlich **zuletzt**. Doch leider nahm in der Tragödie um die vermisste Katharina die Geschichte kein gutes Ende, denn letztendlich wurde ihr Leichnam geborgen.

alívio

drei Kreuze machen
pular de alegria

"Fazer três cruzes (*Kreuze*)" significa alegrar-se por finalmente terminar uma atividade que mantinha a pessoa muito ocupada. A expressão alude ao hábito dos cristãos de se persignar e fazer uma oração de agradecimento após superar alguma situação desfavorável.

○ Ich **mache drei Kreuze**, wenn ich endlich diese Prüfungen in Algebra und Statistik hinter mich gebracht habe.

jdm ein Stein vom Herzen fallen
tirar um peso das costas

"Cair uma pedra (*Stein*) do coração (*Herz*) de alguém" ilustra o alívio que a pessoa sente quando se livra de uma carga infinita ou de alguma preocupação que não a deixava dormir.

○ Als mir der Doktor mitteilte, dass der Tumor gutartig war, **fiel** mir ein gewaltiger **Stein vom Herzen**.

NICHTS ZU DANKEN

PEDIR E AGRADECER

pedir

sich keine Umstände machen
sem compromisso

Fórmula de cortesia que indica que uma pessoa faz algo com prazer, sem a pretensão de obrigar ninguém a nada.

○ Natürlich freuen wir uns sehr, wenn Sie zu unserem Fest kommen könnten, aber **machen Sie sich bitte keine Umstände**!

wie heißt das Zauberwort?
como é que se fala?, qual é a palavra mágica?

"Como é a palavra mágica (*Zauberwort*)?" é a frase que geralmente sai da boca de pais, mães, avós e demais parentes envolvidos na educação das crianças para ensinar a pedir as coisas como se deve: usando *bitte* ("por favor"), claro.

○ — Gib mal die Butter herüber!
— **Wie heißt das Zauberwort?**
— Gib mal die Butter herüber, bitte!

agradecer

gern geschehen
de nada, não há de quê, imagine

A forma comum de responder a *Danke!* ou *vielen Dank!* é *Bitte!* ou *Bitte sehr!*. Da mesma forma, respondemos a *Danke schön!* com um *Bitte schön!*. De qualquer maneira, do ponto de vista intercultural, é importante dizer que nas situações em que agradecemos há sempre uma réplica, e nas duas direções; ou seja, quando oferecemos algo a alguém usamos *Bitte!* e obtemos uma resposta que admite várias fórmulas além de *Danke!*. Desde *Nichts zu danken* ou *keine Ursache* (expressões próprias da linguagem formal) até *Gern geschehen!*, que agradece algum favor (fato ou processo), e não a entrega de um objeto.

○ — Vielen Dank für Ihre Hilfe, Frau Maier, ohne Sie wären wir aufgeschmissen gewesen.
— **Gern geschehen**.

keine Ursache
de nada, não há de quê

Alternativa ao *bitte*, "de nada".

○ — Vielen Dank Anna, dass du kurz auf die Kinder aufgepasst hast!
— **Keine Ursache**.

nicht der Rede wert sein
não há de quê, imagine

Costuma ser usado como réplica generosa a um favor que foi feito com prazer, considerado uma bobagem.

○ — Tausend Dank für deine Hilfe beim Umzug!
— Ach, **nicht der Rede wert**!

nichts zu danken
não há de quê

Uma frase utilizada tantas vezes ao dia não pode ter só uma variante. Os falantes começam a modificá-la e a inovar com a simples finalidade de não se entediar.

○ — Vielen Dank für die Tomaten, Frau Meier!
— **Nichts zu danken**, wir haben dieses Jahr sehr viele geerntet.

(tief) in jds Schuld stehen
estar em dívida com alguém, estou devendo uma para você

Schuld significa tanto "culpa" quanto "dívida". Com esta expressão, a pessoa subentende que está profundamente grata a outra por um favor realizado.

○ Tausend Dank für deine ganze Hilfe, Anton!
Ich **stehe tief in deiner Schuld**.

AUS DEM KOPF

PENSAR, ESQUECER OU RECORDAR

pensar

Hand und Fuß haben
fazer sentido

A expressão "ter mão e pé (*Fuß*)" alude a um pensamento bem estruturado ou a uma declaração bem refletida. Enquanto em português aquilo que não faz sentido não tem pé nem cabeça, em alemão basta que tenha as quatro extremidades.

○ Anna ist ziemlich schweigsam bei den Meetings, aber wenn sie etwas sagt, **hat** das immer **Hand und Fuß**.

sich den Kopf (über etwas) zerbrechen
quebrar a cabeça

Expressão idêntica em ambos os idiomas que ilustra de maneira bem-humorada uma reflexão longa e continuada em busca de uma solução, que costuma acabar em dor de cabeça.

○ Damit Sie **sich** nicht allzu lange **den Kopf darüber zerbrechen** müssen, was man einer Frau zum Hochzeitstag schenken könnte, haben wir eine kleine Liste mit Tipps erstellt.

sich etwas (noch einmal) durch den Kopf gehen lassen
pensar bem, refletir

"Fazer algo passar de novo pela cabeça (*Kopf*)" significa ponderar sobre alguma coisa com calma e voltar a refletir sobre um assunto para tomar uma decisão bem pensada.

○ Ich **lasse mir** dein Angebot **noch einmal durch den Kopf gehen** und gebe dir dann morgen eine Antwort.

über etwas schlafen
consultar o travesseiro

"Dormir (*schlafen*) sobre um assunto" tem o sentido de prorrogar em pelo menos um dia a tomada de uma decisão importante. Tudo requer tempo e, às vezes, tomamos as decisões mais importantes em sonhos.

○ Ich glaube, du solltest noch einmal **über** diese Entscheidung **schlafen**, vielleicht denkst du ja morgen anders darüber.

esquecer

aus den Augen, aus dem Sinn
o que os olhos não veem, o coração não sente

"O que está fora dos olhos, está fora dos sentidos (*Sinn*) e do pensamento" é o que reza esta expressão alemã de significado claro. Quando não vemos a fonte de nossa infelicidade, conseguimos esquecê-la mais facilmente, e até deixar de ser afetados por ela. Em tese, claro, pois há quem sofra também sem ver, com a fria navalha da suspeita.

○ Gut, dass dein Ex jetzt in eine andere Stadt zieht, so kannst du ihn leichter vergessen. Du weißt schon, **aus den Augen, aus dem Sinn**.

darüber ist längst Gras gewachsen
muita água já passou por baixo da ponte

A frase "já cresceu muita grama (*Gras*) sobre isso" tem o sentido de que já se passou muito tempo desde o ocorrido, que já caiu no esquecimento.

○ — Mir ist die Sache mit dem vermeintlichen Diebstahl immer noch peinlich, ich will nicht mehr in dieses Kaufhaus.
— Ach, **darüber ist** doch **längst Gras gewachsen.**

ein Gedächtnis wie ein Sieb haben
memória de peixinho dourado

"Ter memória (*Gedächtnis*) de coador (*Sieb*)" alude à sensação de estar mais esquecido que o normal. Trata-se de uma realidade que se apodera de nós com o passar dos anos; mas a expressão também é usada quando se trata de uma condição passageira e queremos levá-la na brincadeira, por exemplo, quando vamos pegar o carro numa rua tendo-o estacionado em outra.

○ Tut mir leid, dass ich unser Treffen gestern vergessen habe. In letzter Zeit **habe** ich **ein Gedächtnis wie ein Sieb.**

in Vergessenheit geraten
cair no esquecimento

Expressão similar em ambos os idiomas, nos recorda que o esquecimento é uma condição humana universal. O esquecimento (*Vergessenheit*), sob essa perspectiva, é como um buraco negro, ou um poço, onde vão parar antigos conhecimentos, pessoas, ações, vidas etc.

○ Die Kunst, Senf herzustellen, ist altes und traditionelles Handwerk. Vieles **ist in Vergessenheit geraten:** Rezepte, Gewürzmischungen, aber auch das Handwerk selbst.

sich etwas aus dem Kopf schlagen (müssen)
tirar algo da cabeça

Expressão quase idêntica em ambos os idiomas que indica a renúncia a algum plano ou projeto porque as circunstâncias assim impõem. *Schlagen* significa "bater", de modo que a expressão em alemão soa um pouco mais agressiva.

○ — Ich freue mich schon aufs Skifahren am Wochenende!
— Das **wirst** du **dir aus dem Kopf schlagen müssen**, es liegt nämlich gar kein Schnee.

recordar

aus dem Kopf
de cor, de cabeça

"De cabeça (*Kopf*)", como em português. Ou seja, de memória, sem recorrer a anotações nem computadores ou agendas eletrônicas.

○ — Hannah, such doch bitte mal im Internet nach der Nummer von der Giftnotrufzentrale.
— Die kann ich dir sogar **aus dem Kopf** sagen, schreib auf: 030 - 19240.

eine / die zündende Idee haben
dar uma luz, cair a ficha, ter uma ideia brilhante

Utiliza-se o adjetivo *zündend* (vibrante) nesta locução com o mesmo sentido em ambas as línguas de iluminar algum assunto, ver ou entender as coisas com mais clareza e ter uma ideia brilhante para resolvê-las.

○ Gestern, als ich schon fast eingeschlafen war, **hatte** ich endlich **die zündende Idee**, wie wir unsere Firma retten könnten.

sich etwas hinter die Ohren schreiben
recordar, não esquecer

"Anotar algo atrás das orelhas (*Ohren*)" é uma expressão idiomática que exorta alguém a recordar bem as palavras ditas. É muitas vezes usada para repreender alguém.

○ Ab zehn Uhr abends sollst du uns nicht mehr anrufen, **schreib'** dir das **endlich hinter die Ohren**!

SCHWAMM DRÜBER!

PERDOAR OU VINGAR-SE

perdoar

ein Auge / beide Augen zudrücken
fazer vista grossa, deixar passar

"Fechar os olhos" com intenção de ignorar algo e não intervir naquilo que, na verdade, deveria ser repreendido. Sem dúvida, trata-se de uma forma de perdoar mais indolente do que generosa.

○ Hans und Martin, heute **drücke ich** einmal **ein Auge zu**, aber wenn ihr morgen wieder eure Hausaufgaben nicht gemacht habt, gibt es eine saftige Strafe!

Gnade vor Recht ergehen lassen
fazer vista grossa, deixar passar

"Deixar a clemência (*Gnade*) passar na frente da justiça (*Recht*)" tem o claro significado de desculpar ou ignorar uma ação repreensível, em vez de puni-la.

○ Der Kaufhausdetektiv **ließ Gnade vor Recht ergehen** und zeigte den Dieb nicht an.

Schwamm drüber!
virar a página, passar uma borracha, colocar uma pedra por cima

"Passar o apagador" (que nas escolas alemãs, durante o reinado do giz, costumava ser uma esponja) é uma expressão coloquial para não se falar mais em um assunto delicado e, assim, esquecer e perdoar as adversidades.

○ — Tut mir echt leid, dass ich dich so angeschrien habe.
— **Schwamm drüber**, war ja nicht so schlimm.

vingar-se

den Spieß umdrehen
pagar com a mesma moeda, dar o troco

Spieß significa "lança" e também "espeto de churrasqueira". Esta expressão é usada quando alguém ataca outra pessoa valendo-se das mesmas armas ou, no esporte, quando o jogo vira e um time supera um resultado adverso.

- Innerhalb von 10 Minuten konnte der FC Köln **den Spieß umdrehen** und gewann letztendlich mit 2:3.

eine alte Rechnung begleichen
saldar velhas dívidas

O tempo nem sempre cura as feridas. Quando existem rancores e o afetado decide se vingar depois de um longo período de armistício, falamos em saldar velhas dívidas, normalmente morais.

- Mit dieser neuen Erweiterung des Computerspiels wird der Kampf ins tropische Vietnam verlagert und bietet so eine neue Chance, **alte Rechnungen zu begleichen**: Welches Team ist am geschicktesten, am pfiffigsten und arbeitet am besten zusammen?

jdm einen Denkzettel verpassen
dar uma lição, fazer pagar

Quando alguém repreende outra pessoa de maneira exemplar (e constrangedora), "deixa-lhe uma lembrança (*Denkzettel*)" da qual ela certamente se recordará, como diz esta locução mal-intencionada.

- Ich **habe** Martin **einen** ganz schönen **Denkzettel verpasst**, der wird so schnell nicht mehr über mich lachen.

wer zuletzt lacht, lacht am besten
quem ri por último ri melhor

Provérbio de significado idêntico e claro em ambas as línguas.

- Tobias war echt gemein zu Markus, aber er wird es ihm sicher heimzahlen, **wer zuletzt lacht, lacht am besten**.

VON HAUS AUS

PERSONALIDADE

auf dem Teppich bleiben
manter os pés no chão

"Ficar no tapete (*Teppich*)" é uma expressão coloquial que convida a ser sensato, manter a cabeça fria e não se deixar levar por tapetes voadores.

○ Den meisten Stars fällt es sehr schwer, bei all dem Erfolg **auf dem Teppich** zu **bleiben**.

Eigenlob stinkt
vangloriar-se, elogiar a si mesmo

"O elogio (*Lob*) a si próprio fede (*stinkt*)", certo, mas em algumas ocasiões temos que afirmar nossas habilidades diante dos outros. Torna-se defeito quando a "autobajulação" se transforma em vício.

○ Obwohl ja **Eigenlob** bekanntlich **stinkt**, wage ich es zu sagen, dass wohl jeder meiner Schüler mit einem exzellenten Englisch die Schule verließ.

eine Schlaftablette sein
ser chato, dar sono

"Ser um sonífero (*Schlaftablette*)" alude à incompetência e ao caráter chato e maçante de alguém, sempre do ponto de vista da pessoa que o julga, claro.

○ In meinen Augen ist sie unfähig und unwillig, sie **ist** eine richtige **Schlaftablette**.

eine spitze / scharfe Zunge haben
ter língua de cobra, língua afiada

"Ter uma língua aguda (*spitz*), afiada ou picante (*scharf*)" alude à inclinação de certas pessoas a fazer comentários "mordazes" ou maldosos, muitas vezes com falta de tato.

○ Martina ist sehr selbstbewusst und **hat eine spitze Zunge**. Deshalb gerät sie auch öfter in Streitereien.

große Töne spucken
exibir-se, ficar se achando

"Cuspir grandes notas (*Töne*)" significa julgar-se mais importante do que se é na realidade.

○ Erst **große Töne spucken** und dann kneifen, das ist typisch für Anton. Er ist ein Angeber und Angsthase!

Haare auf den Zähnen haben
não ter papas na língua

A expressão "ter pelos nos dentes (*Zähne*)" significa utilizar uma linguagem rude e agressiva. Costuma ser dita para se referir a mulheres belicosas que sabem se impor com uma linguagem mais comum aos homens. É uma compensação pela falta de barba ou de pelos no peito, que antigamente simbolizavam a masculinidade.

○ Mit Inga würde ich mich nicht anlegen, die **hat Haare auf den Zähnen**!

hinter dem Mond leben
estar/viver no mundo da lua, em outra galáxia

Quando a pessoa não percebe o que acontece ao seu redor, os outros costumam dizer que ele ou ela habita outro mundo (Paralelo? Distante? *Wer weiß!*). Como a Lua (*Mond*) já é bastante acessível nos dias de hoje, também optamos por objetos espaciais um pouco mais distantes; embora o *hinter* ("atrás") da locução alemã lhe dê um inegável toque de mistério.

○ Mensch Rita, du **lebst** echt **hinter dem Mond**, Andi und Martha sind schon lange nicht mehr zusammen!

Hunde, die bellen, beißen nicht
cachorro que ladra não morde

Referência análoga em ambos os idiomas ao mundo canino. Significa que quem grita muito ou usa linguagem mais alterada costuma ser inofensivo, apesar de inicialmente assustar.

○ Hannes tut immer so böse, aber denk daran, **Hunde, die bellen, beißen nicht**. Er ist eigentlich kein schlechter Mensch.

kein Blatt vor den Mund nehmen
não ter papas na língua

"Não ter nenhuma folha (*Blatt*) na frente da boca" significa expressar e defender sem rodeios a própria opinião sobre qualquer assunto.

○ Hans ist eine sehr direkte Person, der **nimmt kein Blatt vor den Mund**, auch nicht, wenn es um heikle Themen geht.

keiner Fliege etwas zu Leide tun (können)
não fazer mal nem a uma mosca

Expressão coloquial idêntica em ambos os idiomas que destaca o caráter extremamente pacífico de uma pessoa.

○ Unser Hund ist sehr lieb, er **kann keiner Fliege etwas zu Leide tun**.

mit dem Kopf durch die Wand wollen
pedir o impossível, querer um milagre

Esta expressão é utilizada para pessoas que são muito teimosas. "Querer atravessar a parede (*Wand*) com a cabeça" significa que alguém pretende, com todas as forças, realizar uma tarefa irrealizável, apesar dos obstáculos intransponíveis evidentes.

○ Mein Sohn ist furchtbar stur, er **will** immer **mit dem Kopf durch die Wand**.

seine Nase in fremde Angelegenheiten stecken
meter-se onde não é chamado

"Meter o nariz em assuntos alheios (*fremde Angelegenheiten*)" é coisa de fofoqueiros que cuidam da vida dos outros com excessiva curiosidade.

○ Bei Frau Meier muss man wirklich aufpassen, sie **steckt** gerne **ihre Nase in fremde Angelegenheiten** und erzählt dann alles weiter!

seinen eigenen Kopf haben
ser cabeça-feita

Com "ter sua própria cabeça (*Kopf*)", os alemães indicam que uma pessoa pensa por si mesma, sabe o que quer e não é facilmente influenciável.

○ Kinder im Alter von drei Jahren **haben** schon **ihren eigenen Kopf** und wissen genau, was sie wollen.

von Haus(e) aus
por natureza, de família

"De casa (*Haus*)" é uma expressão sinônima a *von Natur aus*. Também faz referência a uma característica própria de uma família ou do lugar de origem de uma pessoa.

○ 1) Mein Mann ist **von Haus aus** ein gutmütiger Mensch, aber manchmal dreht sogar er durch.

2) Ich hatte viel Glück im Leben und war **von Haus aus** reich. Meine Eltern hatten sich ein kleines Vermögen angespart.

NÄGEL MIT KÖPFEN

PLANEJAR E REALIZAR

planejar

das kannst du dir abschminken
pode esquecer isso, mudança de planos

A frase "já pode tirar a maquiagem" anuncia o surgimento de um imprevisto que muda os planos ou projetos.

○ Du wolltest doch eigentlich am Freitagabend weggehen, Martina, aber **das kannst du dir** jetzt **abschminken**! Bei dem schlechten Zeugnis bleibst du daheim!

einen Plan schmieden
tramar um plano

"Forjar", *schmieden*, provém do antigo trabalho do ferreiro, que batia o martelo na bigorna. Sua acepção "criar" é a mesma em português.

○ Schau mal, Martina, Emma und Luisa sitzen die ganze Zeit tuschelnd zusammen, die **schmieden** bestimmt **einen** gemeinen **Plan**, um uns zu ärgern.

etwas im Auge haben
ter em mente

"Ter algo no olho (*Auge*)" ou no ponto de mira significa pensar em algum plano ou projeto que gostaria de realizar.

○ Ich **habe** schon länger **im Auge**, einmal einen Kochkurs zu besuchen, aber nie habe ich Zeit dazu.

etwas im Schilde führen
tramar algo

"Levar algo no escudo (*Schild*)" significa urdir um plano, geralmente malicioso. A expressão remonta aos torneios medievais, nos quais era possível saber a identidade dos cavaleiros que competiam pelo brasão de seus escudos.

○ Michael hat so ein gemeines Blitzen in den Augen, er **führt** bestimmt wieder **etwas im Schilde**.

Luftschlösser bauen
fazer castelos de areia,
ter projetos quiméricos,
viajar na maionese

Metáfora parecida nos dois idiomas que tem o sentido de fazer planos sem nenhum fundamento sólido, real nem tangível; como um castelo (*Schloss*) construído de ar (*Luft*).

○ Psychologen raten: keine **Luftschlösser bauen**, sondern den Weg in überschaubare Etappen gliedern und von Beginn an auf schnell sichtbare und messbare Resultate hinarbeiten.

mehrere Eisen im Feuer haben
ter várias opções

Expressão procedente da forja do ferreiro, que dispunha de vários objetos de ferro (*Eisen*) no fogo (*Feuer*) para não ter de interromper o trabalho. Significa ter várias possibilidades à disposição.

○ — Was möchtest du denn mit so viel Geld machen?
— In Immobilien anlegen, in Gold, vielleicht an der Börse ... ich **habe mehrere Eisen im Feuer**.

sich etwas in den Kopf setzen
enfiar alguma coisa na cabeça, cismar com algo, encasquetar

Com esta locução assevera-se que alguém tomou a firme decisão de realizar um plano ou um desejo, inclusive com certa obstinação. Em ambos os idiomas, a firmeza e o plano parecem proceder de fora e se instalar na cabeça (*Kopf*).

- Er **hatte** es **sich in den Kopf gesetzt**, Schreiner zu werden, obwohl seine Eltern wollten, dass er studiert.

realizar

etwas in die Tat umsetzen
pôr algo em prática, realizar

Tat, "feito, ação", marca nos dois idiomas a passagem do plano teórico ao prático, à concretização.

- Viele Menschen haben Träume, aber nur die wenigsten versuchen, sie wirklich **in die Tat um**zu**setzen**.

Nägel mit Köpfen machen
fazer as coisas direito

"Fazer pregos (*Nägel*) com cabeça" significa começar algo como se deve e realizá-lo da maneira correta até o fim, sem se conformar com coisas feitas nas coxas.

- Nur in der Rheinprovinz **machte** man damals **Nägel mit Köpfen** und war bereit, eine kreuzungsfreie Kraftwagenstraße mit vier Fahrspuren zu bauen.

in Erfüllung gehen
cumprir-se (algo)

O que se deseja se torna realidade ou acontece.

- Die Wahrsagerin sagte mir, dass all meine Träume **in Erfüllung gehen** würden: ein toller Mann, ein Haus, Kinder, Gesundheit und ein toller Job.

IN SCHACH

PODER

controlar

etwas im Auge behalten
não perder algo de vista, seguir de perto

"Manter (*behalten*) algo no olho" significa observá-lo atentamente, acompanhar seu desenvolvimento e suas alterações.

- Der Arzt meinte, dass wir dieses Muttermal lieber **im Auge behalten** sollten.

etwas im Griff haben
ter tudo sob controle

Griff é um substantivo derivado do verbo *greifen* ("pegar"). "Ter algo pego" significa dominar algo, tê-lo sob controle.

- Ich **habe** meine Depressionen nun endlich **im Griff**.

jdm auf die Finger sehen
controlar alguém

"Olhar os dedos (*Finger*) de alguém" significa observá-lo atentamente e com desconfiança.

- Der neue Kollege ist noch furchtbar unerfahren, ständig muss ich ihm **auf die Finger sehen**.

jdn in Schach halten
manter na linha

Expressão procedente do xadrez. Quando um jogador não encontra jeito de dar xeque-mate, pelo menos lhe resta a opção de "ter alguém em xeque (*Schach*)", que significa mantê-lo sob controle para não se tornar perigoso.

○ Es war gar nicht so einfach, zwanzig dreijährige Kinder **in Schach** zu **halten**, anfangs liefen alle chaotisch durcheinander.

Vertrauen ist gut, Kontrolle ist besser
seguro morreu de velho

No mundo moderno não se pode confiar em nada. Para que ninguém se esqueça disso, existe em alemão a elegante expressão "confiança (*Vertrauen*) é bom, [mas] controle é melhor". Recomenda que nos certifiquemos das coisas antes de dar nosso aval.

○ — Mein Mann ist heute angeblich auf Geschäftsreise. Deshalb habe ich gleich in seinem Hotel angerufen, um zu sehen, ob das auch stimmt.
— Warum denn? Vertraust du ihm nicht?
— Ich sage immer, **Vertrauen ist gut, Kontrolle ist besser**.

inferioridade

am kürzeren Hebel sitzen
ser o mais fraco

Hebel é "gangorra", portanto, conforme as leis da física, quem está "sentado no braço mais longo" (*am längeren Hebel sitzen*, veja na página seguinte) precisa fazer menos força do que quem está "sentado no braço mais curto", de modo que se encontra em relação de inferioridade e, por extensão, é considerado mais indigno.

○ Ich kann Ihnen hier leider nicht helfen, rechtlich gesehen **sitzen** Sie **am kürzeren Hebel**.

den Kürzeren ziehen
levar a pior

Literalmente significa "tirar o mais curto". Esta locução remonta à prática de decidir algo escolhendo um palito dentre vários. Quem tira o mais curto perde.

○ Bei einer Scheidung sind es immer die Kinder, die letztendlich **den Kürzeren ziehen** und ihr Leben in zwei verschiedenen Familien neu gestalten müssen.

klein beigeben
dar o braço a torcer, dar-se por vencido

O verbo *beigeben* significa "acrescentar". Nesta expressão, tem o sentido de dar para trás, revogar uma decisão tomada anteriormente.

○ Fraktionschef Gregor Gysi hatte sich zuvor geweigert, die 42-Jährige als Co-Vorsitzende zu akzeptieren, aber am Ende **musste er klein beigeben**.

zu kurz kommen
dar-se mal

"Chegar curto (*kurz*) demais" é uma imagem da esfera militar e expressa balas ou obuses que não atingem o inimigo. Agora, passou a ter o sentido de sair prejudicado de alguma situação ou não ser reconhecido adequadamente por seus esforços.

○ Leider **kommt** meine Familie oft **zu kurz**, weil ich im Job mal wieder Überstunden machen muss.

superioridade

am längeren Hebel sitzen
ser o mais forte

Quem "está no braço mais longo da gangorra (*Hebel*)" é o mandachuva, o mais poderoso ou influente. "Dê-lhe um ponto de apoio e moverá o mundo", como dizia Arquimedes.

○ Ich denke, du solltest die Klage gegen den Kommissar lieber fallen lassen, ein Polizist **sitzt** doch immer **am längeren Hebel**.

das Sagen haben
estar no comando,
ser o mandachuva

"Ter o dizer", diz literalmente a locução alemã. É ter a palavra no sentido de ostentar um cargo ou estar em situação de poder, tomar decisões ou dar instruções a outras pessoas que se veem obrigadas a escutar.

○ Wer **hat** hier **das Sagen**?

den Ton angeben
ser o dono da bola,
ser o mandachuva,
dar o tom

"Definir o tom/dar a nota (*Ton*)", como faz o regente de um coro (com ou sem a ajuda do diapasão) a todos os seus integrantes para obter uma polifonia harmoniosa, significa estabelecer as regras, estar no comando. No país do futebol, quem detém a posse da bola é quem manda no jogo.

○ Bei uns in der Familie war es immer mein Vater, der **den Ton angab**. Wir alle machten, was er uns sagte.

die erste Geige spielen
mandar no galinheiro

"Ser o primeiro violino (*Geige*)" significa ser o protagonista, destacar-se ou impor-se em algo.

○ Marion will in der Arbeit immer **die erste Geige spielen**.

die Nase vorn haben
estar na frente

"Ter o nariz (*Nase*) à frente" é uma expressão procedente das corridas de cavalos e indica a vitória obtida em uma classificação, mesmo que só por um nariz.

○ Berlin **hat** beim Ranking der besten Studentenstädte **die Nase vorn**. Nach einer Studie ist Deutschlands Hauptstadt eine der attraktivsten Städte zum Studieren weltweit.

ein Machtwort sprechen
fazer valer sua autoridade,
dar a última palavra

Quem "pronuncia a palavra decisiva" ou "poderosa" (posto que *Macht* significa "poder") é a pessoa capaz de resolver uma questão apelando para sua autoridade.

○ Als die Klasse zu unruhig wurde, **sprach** der Lehrer **ein Machtwort** und es kehrte wieder Ruhe ein.

mit jdm fertigwerden
pisar em alguém,
acabar com alguém

Esta locução tem o sentido de se impor sobre o outro para desbancá-lo ou continuar ocupando a posição dominante.

○ Gegen Hannes soll ich spielen? **Mit dem werde** ich doch leicht **fertig**!

nach jds Pfeife tanzen
não ter vontade própria, ser
maria vai com as outras

"Dançar seguindo o apito (*Pfeife*) de alguém" significa fazer tudo o que o outro deseja, ser obediente. A imagem procede da instrumentação musical, em que determinados instrumentos, como o violino ou o pífaro, "dão o tom".

○ Ingrid hat einen sehr starken Charakter, sie ist es gewohnt, dass immer alle **nach ihrer Pfeife tanzen**.

Vitamin B haben
ter QI, ter padrinho,
ter pistolão

Com "ter vitamina B", sendo "B" a abreviatura de *Beziehung* ("relação, referência"), indica-se em alemão que alguém ocupa um posto, não por méritos próprios, e sim por ter parentes ou conhecidos que o recomendaram. A meritocracia (*Meritokratie* ou *Leistungsgesellschaft*) estaria nas antípodas dessa vitamina clientelista.

○ Ohne **Vitamin B** ist es fast unmöglich, an Karten für das Champions-League-Finale zu kommen. Zum Glück kenne ich den Finanzchef des FCB, von daher könnten wir Glück haben.

UM DEN FINGER GEWICKELT

PRESSIONAR OU CONVENCER

pressionar

die Hand / seine Hände im Spiel haben
estar metido, envolvido

"Ter as mãos no jogo (*Spiel*)" significa participar de algum assunto, ser coparticipante de um ato delituoso ou ter colaborado com uma ação ilegal.

- Nach einigen Studien **hatte** die CIA bei den Terroranschlägen am 11. September **ihre Hände im Spiel**.

jdm Dampf machen
apressar alguém, cobrar produtividade

"Dar vapor a alguém" é uma locução utilizada normalmente no âmbito profissional com o sentido de pressionar alguém para render mais no trabalho. A referência ao vapor vem da época em que este era, por excelência, a força de propulsão das máquinas.

- Manchmal muss man den Leuten in meiner Abteilung wirklich **Dampf machen**, sonst arbeiten sie einfach so vor sich hin und schaffen viel zu wenig.

jdm die Pistole auf die Brust setzen
colocar alguém contra a parede

Como método de pressão, só é legal quando usado em uma expressão. "Pôr a pistola no peito (*Brust*) de alguém" é obrigá-lo, de maneira categórica e inapelável, a tomar uma decisão.

○ — Die Entscheidung hast du doch alleine getroffen!
— Na ja, du **hast** mir ja **die Pistole auf die Brust gesetzt**, was sollte ich da sonst machen?

jdm Feuer unterm Hintern machen
jdm Feuer unterm Arsch machen
apressar alguém, pressionar

"Pôr fogo no traseiro/cu (*Hintern/Arsch*) de alguém" proporciona uma imagem bem clara da veemência com a qual se urge e incita, sem rodeios, outra pessoa a "se mexer".

○ Ich bin von Meiers Trägheit wirklich langsam genervt, ich finde, wir sollten ihm einmal ein bisschen **Feuer unterm Hintern machen**!

Öl ins Feuer gießen
pôr lenha na fogueira

A imagem "verter óleo (*Öl*) no fogo" procede da literatura clássica latina e dá a entender que um comentário atiça ou reforça a virulência de uma disputa ou a agitação de outra pessoa.

○ Andrea und Johann sind sowieso schon ziemlich zerstritten, da musst du nicht auch noch **Öl ins Feuer gießen**, Hannes!

convencer

jdm einen Floh ins Ohr setzen
persuadir alguém

"Pôr uma pulga (*Floh*) no ouvido de alguém" significa persuadir uma pessoa, enfiando-lhe uma ideia ou um desejo na cabeça, de modo que acabe se tornando uma obsessão.

○ Musstest du Anja unbedingt **diesen Floh ins Ohr setzen**? Jetzt will sie unbedingt Harfe spielen lernen …

jdm Honig um den Mund schmieren
lisonjear, lamber o saco

"Untar a boca de alguém com mel (*Honig*)" significa falar de forma adocicada com uma pessoa para conseguir algo dela.

○ Ich **habe** meinem Mann so lange **Honig um den Mund geschmiert**, bis er mir endlich diesen Diamantring gekauft hat, den ich so toll fand.

jdm in den Ohren liegen
insistir

"Estar nas orelhas (*Ohren*) de outro" significa pedir-lhe algo insistentemente, a ponto de o simples som de sua voz já o incomodar.

○ Meine **Tochter liegt mir** schon seit Monaten damit **in den Ohren**, dass sie einen Hund haben will.

jdn um den Finger wickeln (können)
fazer alguém cair na rede

"Saber enrolar o dedo (*Finger*) de alguém" significa ter a habilidade de distrair uma pessoa com facilidade; capacidade de influenciá-la.

○ Ina ist der absolute Liebling von unserem Chef, sie **kann** ihn bestens **um den Finger wickeln**.

sich den Mund fusselig reden
gastar saliva

"Falar com a boca cheia de fiapos", ou seja, tentar inutilmente levar alguém a uma ação ou fazer alguém recordar algo somente com o auxílio da palavra.

○ Jan ist so stur, da kann man sich **den Mund fusselig reden** und er besteht weiterhin auf seiner Meinung.

von seinem hohen Ross herunterkommen / -steigen
baixar a crista

Os alemães descem do *Ross* ("cavalo, corcel") para indicar que depuseram a atitude arrogante e se dispõem a conversar com seus semelhantes no mesmo nível.

○ Ich finde Annas übertriebenes Wesen und ihr Von sich-überzeugt-Sein nicht angebracht. Sie sollte einmal **von ihrem hohen Ross herunterkommen** und etwas realistischer denken.

IN TEUFELS KÜCHE

PROBLEMAS

superar um problema

aus dem Gröbsten heraus sein
o pior já passou

"Estar fora do mais grosso (*grob*)" significa ter superado a parte mais difícil, o ponto mais alto, e a partir daí tudo é morro abaixo.

○ Meine Kinder **sind** nun endlich **aus dem Gröbsten heraus**.

aus dem Schneider sein
sair de um apuro, superar uma crise

No jogo de cartas denominado *Skat*, o *Schneider* (que normalmente significa "alfaiate" ou "costureiro") é o limite de pontos abaixo do qual os pontos do ganhador valem o dobro. Mesmo perdendo a mão, é fundamental superar esse limite. Na linguagem coloquial, esta expressão significa ter escapado de um perigo ou superado uma situação complicada.

○ Das Strafverfahren wurde eingestellt und der Beklagte **war aus dem Schneider**.

die Suppe wieder auslöffeln
pagar o pato por algo mal feito

"Comer de novo a sopa (*Suppe*) a colheradas" significa ter de arcar com as consequências de algo que outra pessoa fez mal feito ou ter de refazer todo o trabalho que o outro não soube fazer.

○ Na toll, mein Kollege hat seine Arbeit schlecht gemacht und ich darf nun **die Suppe wieder auslöffeln**.

etwas (wieder) ins Lot bringen
pôr as coisas em ordem (de novo)

"Pôr algo de novo no nível (*Lot*)" significa pôr em ordem determinada questão. *Lot* é, na realidade, o prumo pelo qual o pedreiro se guia para que as paredes não fiquem tortas.

○ Ich hoffe, wir können unsere Ehe **wieder ins Lot bringen**.

mit etwas fertigwerden
superar algo

Esta expressão, que significa superar animicamente uma dificuldade, é construída com o verbo *werden*, e convém não confundi-la com a terminada em *sein* ("acabar com algo", "tê-lo concluído ou despachado").

○ Andrea geht es immer noch sehr schlecht, sie schafft es einfach nicht, **mit** dem Tod ihres Vaters **fertig**zu**werden**.

Oberwasser bekommen
sair do buraco, superar algo

"Receber águas altas (*Oberwasser*)" significa chegar a uma situação mais favorável que a anterior, superar uma maré ruim. *Oberwasser* designa a água parada acima de um moinho que exerce pressão sobre as demais. Por isso *Oberwasser haben* significa estar em vantagem.

○ Beim Stand von 2:3 schien es, als würden die Gäste ein wenig **Oberwasser bekommen**, aber die Heimmannschaft schoss bald das endgültige 3:3.

reinen Tisch machen
deixar a casa em ordem

"Fazer mesa limpa (*rein*)" significa ajeitar um assunto, deixá-lo em ordem. A expressão alude provavelmente ao ato de recolher os papéis e utensílios de uma mesa depois do trabalho.

○ Ich wollte endlich **reinen Tisch machen**. Deshalb habe ich meinen Ex um ein Treffen gebeten.

sich aus der Affäre ziehen
safar-se, sair de um apuro

"Sair da confusão (*Affäre*)" significa escapar de modo hábil e discreto de uma situação comprometedora.

○ Das Krankenhaus sollte auf Schmerzensgeld verklagt werden, aber die Ärzte haben sich geschickt **aus der Affäre gezogen**.

ter um problema

ein wunder Punkt
o ponto fraco, o calcanhar de Aquiles

Trata-se daquele aspecto devido ao qual uma pessoa ou coisa se torna vulnerável e pode ser atacada.

○ Die Menschenrechte sind **der wunde Punkt** vieler Staaten im Nahen Osten.

etwas auf dem Herzen haben
sentir um nó na garganta, sentir o coração apertado

Quando é evidente que uma pessoa tem um problema pessoal ou um desejo, mas não consegue compartilhá-lo nem desabafar, dizemos que "tem algo em cima do coração (*Herz*)".

○ Schatz, was **hast** du denn **auf dem Herzen**? Ich merke doch, dass etwas ist.

in der Klemme / Patsche / Tinte sitzen
estar em apuros

"Estar na pinça (*Klemme*), no lodo (*Patsche*) ou na tinta (*Tinte*)" significa passar por dificuldades, normalmente econômicas, das quais será difícil sair sozinho.

○ Als eine der Folgen der Finanzkrise **sitzt** die deutsche Automobilindustrie nun **in der Klemme**.

PROBLEMAS

in eine Sackgasse geraten
estar num beco sem saída

Frase similar nos dois idiomas que indica que algo entrou em uma fase tal que não se sabe como continuar e, se as circunstâncias não mudarem, a pessoa pode sofrer as consequências da desistência ou do esquecimento.

○ Die Verhandlungen in der EU über das neue Rettungspaket **sind in eine Sackgasse geraten** und werden erst nach den Wahlen wieder aufgenommen.

in Teufels Küche kommen
meter-se em confusão

"Ir à cozinha (*Küche*) do diabo" significa expor-se a desgostos e contrariedades, meter-se em problemas.

○ Ein Politiker kann **in Teufels Küche kommen**, wenn er bestimmte Geschenke annimmt.

jdm Kopfschmerzen machen / bereiten, jdm Kopfzerbrechen machen / bereiten
causar dor de cabeça a alguém

Embora a aspirina seja um produto alemão, as dores de cabeça são universais, especialmente as causadas (*bereiten*) pelos outros. Sartre tinha razão ao dizer que o inferno são os outros! Sem contar que cada um também é seu próprio demônio...

○ Ich weiß einfach nicht, wie wir das Geschäft retten können, ohne jemanden zu feuern ... Die ganze Sache **bereitet** mir schon länger **Kopfschmerzen**.

jdm schlaflose Nächte bereiten
tirar o sono de alguém

"Causar noites de insônia a alguém" tem o sentido facilmente dedutível de deixar alguém inquieto ou ser uma verdadeira dor de cabeça para outrem.

○ Diese Finanzkrise kann selbst den größten Optimisten manchmal **schlaflose Nächte bereiten**.

jdm sein Herz ausschütten
abrir o coração para alguém

"Derramar o coração a alguém" significa desabafar, abrir-se com outra pessoa, contar-lhe suas preocupações e dores.

○ Ich bin so froh, dass ich endlich **jemandem mein Herz ausschütten** kann, ich habe lange nicht über meine Probleme geredet.

jdm wächst etwas über den Kopf
perder o controle sobre algo

Literalmente significa "algo cresce sobre a cabeça de alguém". Isso acontece quando um assunto é complicado demais e não conseguimos lidar com ele.

○ In Lebenskrisen ist es oft so, dass **einem** eigentlich kleinere persönliche Probleme schnell **über den Kopf wachsen** und man nicht mehr weiterweiß.

mit seinem Latein am Ende sein
não saber como continuar, esgotar todos os recursos

"Chegar ao fim com seu latim" significa que a pessoa se encontra em um ponto morto e não sabe como seguir adiante com um assunto, por terem se esgotado todos os seus recursos. Durante muitos séculos, o latim foi a língua franca dos sábios e eruditos europeus, ou seja, das pessoas "que mais sabiam" sobre qualquer matéria. Na Alemanha, o estudo do latim continua plenamente atual e é oferecido em todos os anos do correspondente ao Ensino Médio, inclusive nos ramos científicos.

○ Ich habe nun wirklich alles ausprobiert, um den Computer zu richten, aber jetzt **bin** ich **mit meinem Latein am Ende**.

sich einen Kopf machen
ficar preocupado, ficar ruminando algo

"Fazer uma cabeça (*Kopf*)"; ou seja, preocupar-se com algo em demasia, a ponto de a cabeça da pessoa ficar inchada com esse assunto. Trata-se de uma expressão sinônima de *sich Gedanken machen*.

○ — Ich habe total Angst vor dem Zahnarzttermin morgen ...
— Ach, **mach** dir **keinen Kopf**, es wird bestimmt nicht so schlimm.

WOHL ODER ÜBEL

REBELIÃO OU SUBMISSÃO

rebelião

auf keinen Fall
de jeito nenhum

Expressão que indica categoricamente o repúdio a algo.

- Diese Mieterhöhung werden wir **auf keinen Fall** hinnehmen! Morgen rufe ich den Vermieter an und frage ihn, was das soll.

das könnte jdm so passen
quem dera!

Expressão usada quando uma pessoa tem determinação absoluta em relação a um assunto, mas acha que não se tornará realidade.

- Die neue Freundin von meinem Ex verbietet ihm den Kontakt zu mir. Aber **das könnte ihr so passen** ... Gestern habe ich ihm eine SMS geschickt.

die Grenzen überschreiten
passar dos limites, exceder-se

"Passar pelas fronteiras (*Grenzen*)" significa ultrapassar o limite do que se considera aceitável: desde uma intromissão na intimidade de alguém até um jeito desrespeitoso de falar.

- Mit dem letzten Sparpaket **hat** die Regierung **die Grenzen überschritten**. Hunderttausende von Menschen haben dies auf einer Demonstration klargemacht.

jdm die Zähne zeigen
mostrar as garras

Assim como os cães e outros animais mostram os dentes (*Zähne*) para enfrentar uma ameaça, usa-se esta expressão quando as pessoas ficam uma fera diante de um perigo.

○ Die Griechen **zeigen** ihrer Regierung und Europa **die Zähne** und protestieren weiter gegen die Kürzungen.

nicht in Frage kommen
nem pensar!

"Nem se questiona" (de "questão", *Frage*) expressa que não vamos sequer considerar a proposta ou pedido de nosso interlocutor.

○ — Mama, darf ich morgen zu Andreas Party gehen?
— Das **kommt nicht in Frage**! Dafür bist du noch viel zu jung!

sich mit Händen und Füßen gegen etwas wehren
lutar com unhas e dentes

Para se defender energicamente de algo ou de alguém que não só não é de nosso agrado, como também representa uma ameaça, os alemães usam mãos e pés; aqui, usamos unhas e dentes.

○ Meine Oma ist sehr stur, sie würde **sich mit Händen und Füßen dagegen wehren**, von einer fremden Person gepflegt zu werden.

Widerstand (gegen etwas) leisten
opor resistência (a algo)

Expressão equivalente em ambos os idiomas, visto que as pessoas, sejam de onde forem, não costumam ceder de imediato diante de qualquer tentativa de opressão.

○ Als der Polizist den Betrunkenen abführen wollte, **leistete** dieser harten **Widerstand**.

submissão

etwas in Kauf nehmen
conformar-se

"Aceitar algo na compra (*Kauf*)" significa conformar-se com o aspecto negativo de um assunto considerando suas vantagens.

○ Für diese tolle Arbeit **nehme** ich auch gerne eine längere Anfahrt **in Kauf**.

in den sauren Apfel beißen
fazer das tripas coração

"Morder a maçã (*Apfel*) azeda" significa ser obrigado a fazer algo desagradável, que deixa um gosto amargo na boca, que "altera o sistema digestivo de qualquer um", mas que tem de ser feito, querendo ou não.

○ Ohne Werbung kommt kein Geschäftsmann zu seinem Erfolg. Also müssen Sie **in den sauren Apfel beißen** und einige Ihrer Einnahmen in Werbung investieren.

wohl oder übel
por bem ou por mal

Ou seja, querendo ou não.

○ Obwohl ich anderer Meinung war, musste ich den Vorschlag **wohl oder übel** annehmen, da ich überstimmt wurde.

zu allem Ja und Amen sagen
dizer amém a tudo

"Dizer sim e amém a tudo" é uma frase coloquial com a qual se dá a entender que uma pessoa tende a não impor nenhuma objeção e não manifestar livremente sua opinião para evitar discussões e enfrentamentos.

○ **Sag** doch nicht immer **zu allem Ja und Amen**, was man dir vorschlägt! Sonst wirst du immer nur ausgenutzt.

MIR KOMMEN DIE TRÄNEN!

RIR, DEBOCHAR OU ENGANAR

rir

ein Bild für die Götter
ser hilário

"Uma imagem para os deuses (*Götter*)" destaca o relato de uma cena engraçadíssima que pode chegar ao grotesco ou absurdo.

○ Wir haben uns totgelacht, als meine Tante beim Tanzen hinfiel und wie ein Käfer auf dem Rücken lag und mit den Beinen ruderte. Das war wirklich **ein Bild für die Götter**! Sie hat selbst so lachen müssen, dass sie kaum mehr hochkam.

(fast) sterben vor Lachen
morrer de rir

Os médicos recomendam rir pelo prazer causado pela liberação de endorfinas durante o riso, mas não a ponto de morrer (*sterben*) por isso. *Lachen* (como verbo, "rir", ou como substantivo, "riso") é uma prática desejável até nas circunstâncias mais comprometedoras.

○ Der französische Fußballstar Nicolas Anelka hat seine Sperre für 18 Länderspiele durch Frankreichs Verband FFF amüsiert zur Kenntnis genommen. «Das sind doch Clowns.

Ich **bin vor Lachen fast gestorben**", sagte der 31 Jahre alte Stürmer vom englischen Meister FC Chelsea der Tageszeitung France Soir.

mir kommen die Tränen!
veja minhas rugas de preocupação!

"Vêm-me as lágrimas (*Tränen*)" é uma exclamação irônica, com careta incorporada, que conota justamente o contrário: a pessoa não se comove em absoluto e até ri do papel ridículo do outro.

○ Kate und William heiraten! Und das als Titelthema – **Mir kommen die Tränen** ... als ob es nichts Wichtigeres auf der Welt gäbe als diesen Kitsch!

sich ins Fäustchen lachen
rir disfarçadamente

O riso ou o prazer por ver o outro em apuros acontece no âmbito privado; por isso, a pessoa não gargalha em público nessas situações, mas expressa sua alegria disfarçando e cobrindo a boca com o punho (*Faust*). "Rir no punho (*Faust*)" – no diminutivo (*Fäustchen*) "punho pequeno" – é expressão que recorda essa vergonhosa alegria pelo infortúnio alheio.

○ Die Anbieter **lachen sich ins Fäustchen**: Trotz gesunkener Großhandelspreise müssen die Verbraucher mehr für Strom bezahlen.

sich (vor Lachen) ausschütten
morrer de rir, mijar de rir

O verbo *ausschütten* significa "verter, derramar". "Derramar-se de rir" denota uma alegria absurda e incontrolável, até que a pessoa se esvazie por completo. Esse mesmo verbo também é utilizado com a palavra coração (*Herz*) e o significado de "desabafar".

○ Ich **habe mich** beim ersten Teil von "Männerherzen" **ausgeschüttet vor Lachen**: Männer im Beziehungschaos, das ist einfach klasse.

Tränen lachen
chorar de rir

Aqui, "rir lágrimas (*Träne*)" não tem relação nenhuma com a tristeza; indica que a pessoa ri com tanta intensidade que não consegue conter as lágrimas.

○ Ich **habe** beim Kabarett-Festival **Tränen gelacht**! Diese Art von Humor finde ich besonders witzig.

zum Schießen sein
é de se mijar de rir

Schießen significa "disparar"; talvez proceda de *Purzelbaumschießen* (dar piruetas) com o sentido de "dobrar-se de riso" diante de algo extremamente engraçado.

○ Hast du schon den neuesten Film von Bully gesehen? Der **ist** wirklich **zum Schießen**!

debochar

etwas / jdn durch den Kakao ziehen
tirar sarro de alguém, zoar

A palavra *Kakao* ("cacau") da locução certamente atua aqui como um eufemismo, para evitar dizer diretamente a palavra "caca" (*Kacke*).

○ In diesem Roman **werden** die Verhältnisse im Nachkriegsdeutschland **durch den Kakao gezogen**.

jdm einen Streich spielen
aprontar com alguém

Streich é um termo culto e antiquado para *Schlag* ("golpe"). A expressão é utilizada no sentido de zoar, enganar e até mesmo aprontar com alguém.

○ Das hast du dir nur eingebildet! Deine Fantasie **hat** die mal wieder **einen Streich gespielt**.

jdn auf den Arm nehmen
tirar sarro de alguém, zoar

"Puxar alguém pelo braço" alude ao gesto de pegar uma criança pelo braço para brincar com ela.

○ Toni ist ein echter Spaßvogel, er liebt es, jeden **auf den Arm** zu **nehmen**.

jdn zum Narren halten
fazer alguém de bobo

Esta expressão significava originalmente "achar que alguém é tolo (*Narr*)" e é utilizada atualmente em tom bem-humorado no sentido de "enrolar" ou "enganar" alguém com brincadeiras.

○ Andreas ist richtig fies, er hat Spaß daran, Schwächere **zum Narren zu halten**.

enganar

es ist nicht alles Gold, was glänzt
nem tudo que reluz é ouro

Esta expressão é usada como advertência. O deslumbramento produzido pelo brilho ou pela aparência externa das coisas engana nossos sentidos e tomamos por ouro (*Gold*) o que não é. Esse engano costuma acontecer diante de pessoas de muita aparência e pouca substância ou dessas coisas que são bonitas demais para ser verdade.

○ Ich habe dich ja vor diesem Kauf gewarnt, **es ist nicht alles Gold, was glänzt**.

jdm auf den Leim gehen
cair na armadilha, ser presa fácil

Leim significa "cola" e se refere à antiga prática da caça de pássaros na qual se usava um macho canoro em terra para atrair a presa. Ele cantava quando passava um bando de pássaros, que desciam à terra. Muitos ficavam presos na cola das varetas colocadas em volta do chamariz.

○ Viele Neulinge im Internet **gehen** erfahrenen Betrügern **auf den Leim**.

jdm auf die Schliche kommen
saber qual é a (intenção) de uma pessoa

Schliche (pl) são "truques", "engodos", e parece que antigamente tinha o significado de *Schleichweg*, ou seja, caminho secreto, de contrabandistas. Esta expressão é utilizada quando adivinhamos as intenções, normalmente turvas, de uma pessoa.

○ Die Polizei **ist** den Betrügern mit Hilfe von Zeugen schnell **auf die Schliche gekommen**.

jdm einen Bären aufbinden
contar histórias da carochinha, enrolar alguém

"Amarrar um urso (*Bär*) nas costas de alguém" é uma expressão hiperbólica para indicar que uma pessoa foi enrolada com uma história tão inverossímil que parece mentira que a tenha engolido (como se tivessem pendurado um urso em suas costas, sem que se desse conta disso).

○ Na, da **hat** dir Peter aber **einen** ganz schönen **Bären aufgebunden**, er ist gar kein Arzt, sondern nur Krankenpfleger.

jdm etwas unterjubeln
fazer sobrar algo para alguém

Expressão muito coloquial que significa delegar a alguém uma atividade ou algo chato.

○ Meine Bank **hat** mir einfach so eine Rentenversicherung **untergejubelt**, obwohl ich das überhaupt nicht wollte!

jdn an der Nase herumführen
enganar, enrolar

A tradução literal significa "levar alguém pelo nariz (*Nase*)". Parece que antigamente os domadores de feras e os feirantes puxavam os ursos e outros animais por rédeas amarradas a uma argola no nariz.

○ Die Bürger waren sehr enttäuscht, als sie erfuhren, wie sehr die Regierung sie **an der Nase herumgeführt hatte**.

jdn hinters Licht führen
dar nó, enrolar, enganar

"Levar alguém para trás da luz (*Licht*)" significa guiar uma pessoa na escuridão e levá-la aonde quiser, de modo que é possível enganá-la mais facilmente.

○ Irgendwie fühle ich mich bei diesem Anbieter als Kunde ziemlich **hinters Licht geführt**, die Tarife stimmen einfach nicht.

jdn übers Ohr hauen
enganar, tapear

"Bater acima da orelha (*Ohr*) de alguém" significa "enganar", aproveitar-se de alguém com meios ilegítimos. Esta expressão procede da linguagem da esgrima, na qual golpes na orelha são proibidos.

○ Die Preise in diesem Geschäft sind extrem teuer! Ich glaube, diese Schurken wollen nur die Touristen **übers Ohr hauen**!

Krokodilstränen weinen
chorar lágrimas de crocodilo

Com esta expressão, idêntica em ambos os idiomas, alertamos que alguém finge sofrer para despertar a compaixão e, assim, conseguir impor sua vontade.

○ Kind, du brauchst gar keine **Krokodilstränen zu weinen**, heute gibt es trotzdem keine Schokolade!

mit jdm unter einer Decke stecken
estar mancomunado com alguém

"Entrar com alguém embaixo de uma manta (*Decke*)" significa que várias pessoas estão mancomunadas graças a um pacto normalmente ilícito e secreto.

○ Schließlich kam heraus, dass zwei Polizeibeamte mit den Verbrechern **unter einer Decke steckten**.

nicht mit rechten Dingen zugehen
ter gato na tuba, nesse mato tem cachorro

Esta expressão é utilizada quando alguém observa uma conduta ou ação inexplicável ou estranha, e ele ou ela suspeita que está sendo enganado(a).

○ Wenn im Spielcasino vier Mal hintereinander die Null kommt, denken viele, dass das **nicht mit rechten Dingen zugeht**. Dennoch ist nur in den wenigsten Fällen Betrug dafür verantwortlich.

IM SIEBTEN HIMMEL

RELAÇÕES PESSOAIS

amizade

alter Schwede!
E aí, cara/amigo?

"Velho sueco (*Schwede*)" é a tradução literal desta expressão carinhosa dirigida a outra pessoa, frequentemente em tom bem humorado. É usada, em geral, entre amigos. Veja também na página 233.

○ Na, **alter Schwede!** Lange nicht mehr gesehen! Wie war es denn im Urlaub?

auf einer / derselben / der gleichen Wellenlänge sein / liegen
estar na mesma vibe, estar em sintonia

Estas expressões têm o mesmo estilo em ambos os idiomas. *Wellenlänge* significa "comprimento de onda" no jargão radiofônico: para que a mensagem seja ouvida, o emissor e o receptor precisam ter o mesmo comprimento de onda. Disso passou a indicar que duas ou mais pessoas compartilham muitos interesses (sentimentos, ideias) ou, o que dá no mesmo, que se entendem bem.

○ Mit Irene habe ich mich schon immer gut unterhalten können, wir **lagen** von Anfang an **auf derselben Wellenlänge**.

RELAÇÕES PESSOAIS

bei jdm einen Stein im Brett haben
dar-se bem com alguém

"Ter uma ficha (*Stein*) no tabuleiro (*Brett*)" significa gozar da simpatia de alguém. Esta expressão provém do jogo de tabuleiro *Tricktrackspiel*, parecido com damas, no qual é importante estar bem posicionado.

○ Ich **hatte** bei meinem Onkel schon immer **einen Stein im Brett**, ich war sein absoluter Liebling.

das fünfte Rad am Wagen sein
ficar de vela, sobrar

"Ser a quinta roda (*Rad*) do carro (*Wagen*)" expressa a desagradável sensação que invade uma pessoa quando percebe que está sobrando, que é um estorvo dentro de um grupo.

○ Diesmal komme ich nicht mit, wenn die Kolleginnen etwas trinken gehen, ich will nicht wieder **das fünfte Rad am Wagen sein**.

ein Herz und eine Seele sein
ser unha e carne

"Ser um coração e uma alma (*Seele*)" é uma expressão tomada da Bíblia que simboliza uma amizade tão estreita entre duas pessoas a ponto de se tornarem inseparáveis.

○ Irene und Andrea **sind** schon seit Jahren **ein Herz und eine Seele**.

einen Narren an jdm gefressen haben
babar por alguém

"Entrar um louco (*Narr*) em alguém" significa sentir predileção especial por uma pessoa, ter um carinho desmedido por ela, beirando o ridículo.

○ — Frau Hofer schimpft nie mit Lukas, egal was er im Unterricht anstellt.
— Ja, sie **hat** total **einen Narren** an ihm **gefressen**!

jdn ins Herz schließen
afeiçoar-se a alguém

"Trancar alguém no coração (*Herz*)" recorre ao órgão das emoções por excelência para indicar que a pessoa querida está guardada ali.

○ Schade, dass sich Arno und Inga getrennt haben, ich **hatte** Inga richtig **ins Herz geschlossen**.

mit jdm Pferde stehlen können
contar com alguém para tudo

Literalmente, significa "poder roubar cavalos com alguém". Antigamente, quando o membro de um bando se arriscava a roubar cavalos para o grupo, passava a ser considerado uma pessoa de confiança, visto que a pena para o crime era dura.

○ Martina ist echt eine tolle Freundin, **mit ihr kann** man einfach **Pferde stehlen**.

wie Pech und Schwefel zusammenhalten
ser unha e carne

A expressão "manter-se juntos como o piche (*Pech*) e o enxofre (*Schwefel*)" alude a uma solidariedade fora do comum entre duas pessoas que são mutualmente leais e se ajudam em todas as vicissitudes da vida. Piche e enxofre formam uma mistura de longa combustão, cujo poder de ignição é conhecido desde Sodoma e Gomorra.

○ Anna und Inga sind schon seit langem gute Freundinnen und **halten wie Pech und Schwefel zusammen**.

amor

ein Auge auf jdn werfen
pôr os olhos em alguém

Nos desenhos animados a expressão "pôr um olho em alguém" é perfeitamente exemplificada nas cenas em que os olhos dos personagens saem das órbitas em direção à pessoa que os cativa. A locução significa também "começar a se interessar por alguém".

○ — Anscheinend sind Andrea und Jan jetzt ein Paar.
— Wie schön für Andrea, sie hatte ja schon lange **ein Auge auf ihn geworfen**.

RELAÇÕES PESSOAIS

ein toller Hecht (sein)
Esse é o cara!

Com esta exclamação se alude à admiração que se sente por um homem, por sua coragem, ousadia, habilidade etc. *Hecht*, "lúcio", é um peixe que, quando aparece, alvoroça e põe para correr as carpas, que são mais lentas.

○ Dein Neuer scheint ja echt **ein toller Hecht** zu **sein**, Emma!

**im siebten Himmel (sein)
sich wie im siebten
Himmel fühlen**
*estar no sétimo céu,
estar nas nuvens*

"Sétimo céu" remonta à tradição judaico-cristã, geocêntrica e pré-copernicana na qual a Terra estava situada no centro do Universo e o céu era representado por diversas esferas superpostas. Na última, a sétima, acreditava-se estar Deus com os anjos. Que felicidade imensa devia haver em cima, em contraste com a dura vida terrena!

○ Momentan läuft in unserer Beziehung einfach alles super. Ich **fühle mich** wirklich **wie im siebten Himmel**.

in festen Händen sein
*estar comprometido
com alguém, não
estar disponível*

"Estar em mãos fixas" é o que diz literalmente esta locução para dar a entender que uma pessoa tem um relacionamento "sério" com outra. Também significa "não estar à venda", aplicado normalmente a obras de arte ou objetos de valor pessoal.

○ Ich glaube, bei Henrik brauchst du dir gar keine Hoffnungen machen, der ist schon seit langem **in festen Händen**.

jdm den Kopf verdrehen
*fazer alguém perder
a cabeça, encantar,
enlouquecer alguém*

A expressão refere-se exclusivamente à paixão. A frase literal diz "torcer a cabeça de alguém" no sentido de transtorná-lo, propriedade característica do amor, e que, por enquanto, não precisa de tratamento psiquiátrico.

○ Mit seinen Augen und dem tiefgründigen Blick hat André schon vielen Mädchen **den Kopf verdreht**.

jds Ein und Alles sein
ser tudo para alguém

"Ser único e tudo (*Alles*) para alguém" é uma fórmula afetiva para expressar que alguém representa toda a felicidade de uma pessoa.

○ Ich habe den Tod von meiner Mutter immer noch nicht überwunden. Sie **war** einfach **mein Ein und Alles.**

sich Hoffnungen machen
iludir-se

Quando imaginamos a possibilidade de começar um relacionamento com alguém de quem gostamos, *die Hoffnung*, "a esperança" de que possa chegar a ser algo mais do que uma possibilidade é o que nos leva a sonhar acordados. O ruim é que muitas vezes somos acordados com um balde de água fria.

○ Ich glaube, bei Henrik brauchst du **dir** gar keine **Hoffnungen** zu **machen**, der hat schon seit langer Zeit eine Freundin.

was sich liebt, das neckt sich
entre o amor e o ódio, a linha é tênue

"Quem ama se importuna e se arrelia (*sich necken*)" significa que a encheção de saco, por mais chata que possa parecer, é um sinal de carinho.

○ Andrea und Hannes ärgern sich den ganzen Tag über. Aber ich glaube ja, **was sich liebt, das neckt sich**.

wo die Liebe hinfällt
o amor é cego

Hinfallen, "cair", mostra como o amor pode ser imprevisível e destaca a estranheza que alguns casais aparentemente muito diferentes podem provocar.

○ — Ich verstehe einfach nicht, was Tobias an Marion toll findet ...
— Ich auch nicht, aber **wo die Liebe hinfällt** ...

inimizade

jdn aus den Augen verlieren
perder o contato com alguém, perder alguém de vista

"Perder alguém dos olhos (*Augen*)" é deixar de ver uma pessoa por ter se afastado e, por extensão, perder o contato com ela.

○ Ich habe leider die meisten meiner ehemaligen Schulkameraden **aus den Augen verloren**.

der Haussegen hängt schief
ter dificuldade em casa

Antigamente, as pessoas penduravam versículos da Bíblia ou frases com bênçãos para o lar e a família na entrada das casas. Frases ou *Haussegen* ("bênçãos da casa") tortas (*schief*) dão ideia de uma atmosfera pouco tranquila na família. Trata-se de uma expressão jocosa muito gráfica e precisa.

○ Schau mal, Schatz, was die Meiers für lange Gesichter machen. Bei denen **hängt** bestimmt **der Haussegen schief**.

einen Keil zwischen jdn (und jdn) treiben
semear discórdia

"Enfiar uma cunha (*Keil*) entre uma pessoa e outra" alude graficamente aos elementos que podem causar inimizades, intrigas ou, no mínimo, olhares tortos e desconfiança. Trata-se de uma variante do conhecido e difundido "divide e vencerás".

○ Männer schaffen es doch immer wieder, **einen Keil zwischen** die besten Freundinnen zu **treiben**.

jdn nicht riechen können
não suportar alguém, não poder ver uma pessoa nem pintada de ouro

"Não poder sentir o cheiro (*riechen*) de alguém" é uma expressão coloquial com o significado insolente de não suportar a pessoa aludida.

○ Wenn dieser Herr Mullers zum Firmenessen kommt, werde ich nicht hinkommen. Den **kann** ich nämlich absolut **nicht riechen**.

mit jdm im Clinch liegen
brigar com alguém

Clinch é um termo inglês utilizado especialmente no boxe. Com ele, alude-se à manobra ilegal pela qual os boxeadores se abraçam, por cansaço ou para evitar um golpe maior. O termo passou a designar "disputa" nas relações humanas.

○ Die CDU und CSU **liegen** wegen der Euro-Rettung **im Clinch**: Während die CDU für vertiefte Integration wirbt, verteidigt die CSU nationale Souveränität.

mit jdm ist nicht gut Kirschen essen
ser casca de ferida

"Não é bom comer cerejas (*Kirschen*) com alguém" significa que não se pode confiar nessa pessoa, porque ela tem caráter autoritário ou irritadiço, e é preferível manter distância.

○ Ich rate dir, dich nicht unbedingt neben Arndt zu setzen, **mit dem ist nicht gut Kirschen essen**.

Mord und Totschlag
feito cão e gato

"Assassinato (*Mord*) e homicídio (*Totschlag*)"; ou seja, em eterna disputa e discórdia.

○ Hört jetzt endlich auf zu streiten, Kinder! Warum geht es denn bei euch nie ohne **Mord und Totschlag**?

sich in die Haare kriegen
pegar-se no tapa

Expressão coloquial que ilustra uma briga ou uma discussão violenta.

○ Ina und Marion **haben** sich schon wieder wegen einem Mann **in die Haare gekriegt**.

wenn zwei sich streiten, freut sich der Dritte
quando dois brigam, o terceiro tira proveito

Trata-se de uma velha estratégia aplicada abusivamente, especialmente na política, como consequência do ditado "divide e vencerás". E as divisões sempre começam semeando discórdia entre pessoas, povos, cidades, províncias, regiões, nações ou Estados. E o "terceiro em discórdia" muitas vezes faz papel de mediador, mesmo tendo sido ele o causador da desavença e lucrado com ela, de modo que esta expressão denuncia aqueles que tiram proveito dos problemas dos outros.

○ **Wenn zwei sich streiten, freut sich der Dritte** Der Belgier Peter Praet profitiert vom Zank der Deutschen und Franzosen um das Amt des Chefvolkswirts der Europäischen Zentralbank.

wie Hund und Katz(e)
feito cão e gato

Expressão idêntica nos dois idiomas que se refere às belicosas relações humanas. Como nas fábulas mais clássicas, os animais e as expressões populares servem para nos mostrar aquilo que é tão difícil ver no espelho.

○ Der Hauptdarsteller und der Regisseur sind **wie Hund und Katz**, was die Arbeit natürlich nicht sehr leicht macht. Die neueste Idee des Regisseurs, den Hauptdarsteller am Ende sterben zu lassen, hat ihm gar nicht gefallen.

rejeitar

(bei jdm) an der falschen Adresse sein
ir na direção errada

"Estar no endereço (*Adresse*) errado com alguém" expressa a rejeição total de uma proposta que o interlocutor pensava que aceitaríamos facilmente. Costuma ser usada em situações coloquiais e de familiaridade.

○ — Thomas, kannst du mir 50 Euro leihen?
— Da **bist** du bei mir aber **an der falschen Adresse**, ich bin genauso pleite wie du.

einen Korb bekommen
levar um fora

Parece que em tempos já muito distantes, o pretendente deixava um cesto, *Korb*, na janela de sua pretendida. Quando ela o devolvia sem fundo, significava que não queria nada com ele, acabando com as ilusões do rapaz.

○ — Endlich habe ich mich getraut, Rainer zu sagen, dass ich ihn toll finde.
— Und, was war dann?
— Ich habe **einen Korb bekommen**.

jdm den Laufpass geben
mandar alguém passear,
mandar plantar batata

Laufpass ("passaporte"/"permissão para correr") era o nome do documento com o qual se outorgava licença aos soldados e empregados menores. No uso atual, pode significar duas coisas: que um casal se separa ou que um funcionário é demitido.

○ Ich **habe** Erik endlich **den Laufpass gegeben**, bei uns lief es ja schon länger nicht mehr gut.

jdm einen Korb geben
dar um fora em alguém

Esta locução, relacionada com *einen Korb bekommen* (veja acima), mas de sentido ativo, volta a ter o "cesto" como protagonista: "dar um cesto a alguém" (se dá, *geben*, a outro que recebe, *bekommen*) significa rejeitar o amor de alguém.

○ Ein total widerlicher Typ hat mich gestern in der Disko angesprochen, aber ich habe ihm natürlich schnell **einen Korb gegeben**.

jdn abblitzen lassen
dar um fora em alguém

Esta expressão significa despachar uma pessoa, rejeitar seus pedidos.

○ Als ich bei meinem Chef um eine Beförderung bat, **ließ** er mich eiskalt **abblitzen**.

relações sexuais

auf den Strich gehen
rodar bolsinha, prostituir-se

"Ir à linha (*Strich*)" é uma expressão informal que alude tristemente ao ofício mais antigo.

○ Vor kurzem habe ich in einer Reportage darüber gesehen, wie junge Mädchen aus dem Osten dazu gezwungen werden, **auf den Strich zu gehen**.

auf jdn scharf sein
excitar, deixar com tesão

Scharf tem vários significados, entre eles, "pontudo" e "picante". Com esta expressão coloquial normalmente se expressa o desejo de alguém por outra pessoa.

○ Ich bin total **scharf** auf meine Freundin, aber sie will noch nicht mit mir schlafen!

eine (heiße) Nummer schieben / machen
transar

Literalmente é "fazer um número (*Nummer*)"; não número no sentido de espetáculo, apesar de que, na hora do sexo, os protagonistas também podem chegar a dar um show.

○ Wow, hast du schon die Neue von Martin gesehen? Mit der würde ich auch gerne einmal **eine Nummer schieben** ...

es mit jdm treiben
fazer sexo, transar

O verbo *treiben* implica, na maioria das vezes, "vaivém", movimento de levar, de fazer. É utilizado, por exemplo, com *Sport* ("praticar esportes"). Mas o esporte a que se refere aqui libera mais endorfinas do que qualquer outra atividade física.

○ — Wie findest du eigentlich Anna?
— Sie ist eine Wahnsinnsfrau! Ich habe sogar schon davon geträumt, **es mit ihr** zu **treiben**!

fertig werden
gozar

Expressão vulgar para "chegar ao orgasmo".

○ Das ist mal wieder typisch Mann! Meinem Freund ist es total egal, ob ich beim Sex **fertig werde** oder nicht ...

Liebe machen
fazer amor

Faça amor (*Liebe*), não faça guerra (*Krieg*)!

○ *In einem Zeitschriftartikel:*
Es heißt oftmals so simpel, lass uns **Liebe machen**. Doch kann sich Liebe machen lassen? Lesen Sie hier mehr darüber.

mit jedem in die Kiste springen
ir para a cama com qualquer um

"Pular (*springen*) na cama com qualquer um" conota um desprezo conservador pelos defensores do amor livre, por uma pessoa que sabe encontrar o prazer na variedade. *Kiste* significa, na realidade, "caixa", mas, em linguagem familiar, é um termo que designa também a cama ou a televisão.

○ Bei Anna wäre ich lieber ein bisschen vorsichtiger, die **springt** doch mit jedem **in die Kiste**.

vom anderen Ufer sein
jogar no outro time

Entendeu?

○ Ich glaube, Jan **ist vom anderen Ufer**. Sein Verhalten kommt mir manchmal extrem weiblich vor.

AUF DEM GEWISSEN

RESPONSABILIDADE E CULPA

responsabilidade

die Schuld an etwas tragen
arcar com a responsabilidade

"Levar a culpa (*Schuld*) de algo" é utilizado quando se apura a responsabilidade de algo que aconteceu.

○ Wer **trägt die Schuld an** dem entsetzlichen Schiffsunglück an der italienischen Küste? Diese Frage beschäftigt derzeit die Welt.

etwas auf seine Kappe nehmen
jogar nas costas de alguém, responsabilizar

A expressão "pôr algo no boné (*Kappe*)" significa que uma única pessoa assume toda a responsabilidade.

○ Der Parteivorsitzende **nahm** die Niederlage **auf seine Kappe** und legte sein Amt nieder.

seinen Kopf hinhalten
assumir a culpa por outra pessoa

"Estender a cabeça (*Kopf*)", em clara referência à execução por decapitação, significa ter de responder pelos atos dos outros, seja por iniciativa própria ou por coação.

○ Die Schweizerinnen und Schweizer verpflichten ihre Regierung und Verwaltung seit Jahrhunderten zum Stillsitzen, damit sie nicht im Namen der Bevölkerung urteilen und verurteilen — und damit sie die Bürger nicht in Konflikte oder gar Kriege hineinziehen, für die dann das Volk **den Kopf hinhalten** muss.

culpa

jdm die Schuld in die Schuhe schieben
pôr a culpa em outra pessoa

"Pôr a culpa nos sapatos de alguém" é a tradução literal desta expressão alemã. Parece que esta locução remonta aos tempos em que, nos albergues, os hóspedes ficavam em dormitórios comunitários. Se houvesse uma inspeção, os ladrões escondiam o butim em qualquer sapato deixado na entrada para culpar o proprietário e se safar.

○ Mein Mann gibt es nie zu, wenn er etwas falsch gemacht hat, immer **schiebt** er mir **die Schuld in die Schuhe**.

jdm etwas auf den Kopf zusagen
falar na cara

"Soltar algo na cabeça (*Kopf*) de alguém" significa dizer as coisas sem rodeios nem papas na língua.

○ Der Mann musste seinen Seitensprung zugeben, als seine Frau ihm **auf den Kopf zusagte**, dass sie ihn mit ihr gesehen hat.

jdm etwas unter die Nase reiben
jogar na cara, censurar, cobrar

"Esfregar (*reiben*) algo debaixo do nariz de alguém" é uma expressão coloquial utilizada quando censuramos alguém por um assunto e de maneira direta e desagradável.

○ Hendrik **reibt es mir** immer noch **unter die Nase**, dass ich ihm vor zehn Jahren die Freundin ausgespannt habe.

jdn zur Rechenschaft ziehen
cobrar responsabilidade de alguém

Esta expressão é utilizada quando se exige responsabilidade sobre eventos normalmente funestos.

○ Amnesty International verlangt, dass die Verantwortlichen für Menschenrechtsverletzungen, die bei der Terrorbekämpfung begangen wurden, **zur Rechenschaft gezogen** werden.

JEDE WETTE

SABER, SUSPEITAR OU IGNORAR

saber

auf etwas Gift nehmen können
pôr a mão no fogo

"Poder tomar veneno (*Gift*) por algo" é uma forma coloquial para afirmar que temos absoluta certeza de algo. Esta fórmula tem reminiscências de juramento medieval.

○ Wegen der Lügen, die Sie über mich verbreiten, werden Sie von meinem Anwalt hören, **darauf können Sie Gift nehmen**!

ein alter Hase (sein)
ser macaco velho, ter muitas horas de voo

"Ser uma lebre (*Hase*) velha" alude à grande experiência acumulada de uma pessoa já curtida na vida. Só as lebres astutas chegam à velhice.

○ Was? Du hast Angst vor deinem Vortrag? Du **bist** doch schon **ein alter Hase** auf dem Gebiet!

ein Lied davon singen können
saber bem do que se está falando

"Poder cantar uma canção (*Lied*) sobre isso" significa ter muita experiência sobre a matéria de que se fala. Em geral, refere-se a uma experiência desagradável ou dura.

○ Lehrer **können ein Lied davon singen**, wie anstrengend eine Schulstunde mit über 30 Kindern ist.

einen Besen fressen
que um raio caia sobre minha cabeça

"Comer uma vassoura (*Besen*)" é uma fórmula informal aumentativa utilizada para reforçar uma afirmação e garantir sua veracidade.

○ Also, wenn unsere Mannschaft dieses Jahr nicht Meister wird, dann **fress ich einen Besen**. Wir haben ja jetzt schon zehn Punkte Vorsprung.

etwas steif und fest behaupten
afirmar com segurança

O verbo *behaupten* ("afirmar, sustentar") contém o elemento *Haupt* ("cabeça"). Quando afirmamos uma coisa com veemência, costumamos balançar a cabeça de cima para baixo com firmeza.

○ Der Angeklagte **hat steif und fest behauptet**, er hätte das Mädchen nicht vergewaltigt.

jede Wette
aposto o que quiser, ponho minha mão no fogo

"Qualquer aposta (*Wette*)" destaca, em linguagem coloquial, que a pessoa tem tanta certeza de uma coisa que é capaz de apostar tudo, sem risco de perder.

○ Die Bayern gewinnen dieses Jahr bestimmt die Meisterschaft, **jede Wette**!

schwarz auf weiß
por escrito, preto no branco

"Preto (*schwarz*) sobre branco"; ou seja, impresso sobre papel branco. Esta expressão coloquial foi popularizada por Goethe na primeira parte de *Fausto*.

○ *Schüler:*
Das sollt Ihr mir nicht zwei Mal sagen!
Ich denke mir, wie viel es nützt;
Denn, was man **schwarz auf weiß** *besitzt,*
Kann man getrost nach Hause tragen.
Faust (Erster Teil)
Johann Wolfgang von Goethe

so sicher wie das Amen in der Kirche
tão certo como 2 e 2 são 4

Para algo que vai acontecer sem sombra de dúvidas dizemos que é "tão certo quanto o amém na igreja (*Kirche*)"; ou seja, com total segurança.

○ Früher oder später wird jeder Jackpot bei jedem Gewinnspiel geknackt, das ist **so sicher wie das Amen in der Kirche**.

wissen, wo der Hase langläuft
entender do riscado

"Saber por onde corre a lebre (*Hase*)" significa que alguém sabe bem como se faz uma coisa para resultar no efeito desejado.

○ Das brauchst du mir nicht zu erklären, ich **weiß** schon, **wo der Hase langläuft**.

suspeitar

den Braten riechen
sentir o cheiro de algo, suspeitar

"Sentir o cheiro do assado (*Braten*)", ou seja, suspeitar de que tem gato na tuba ou que algo não vai acabar bem.

○ Ich habe meiner Freundin gesagt, dass ich lange arbeiten musste, obwohl ich in der Kneipe war. Aber dann **hat** sie **den Braten gerochen** und hat angerufen und ich war natürlich nicht da.

den Teufel an die Wand malen
imaginar o pior

"Desenhar o diabo (*Teufel*) na parede" refere-se à atitude pessimista adotada por algumas pessoas em relação a situações que ainda não aconteceram.

○ Jetzt **mal** doch nicht gleich **den Teufel an die Wand**, vielleicht hat dein Mann ja gar keine Geliebte.

etwas im Gefühl haben
ter uma intuição

"Ter algo no sentimento (*Gefühl*)" significa saber algo de maneira intuitiva.

○ Ich bin mir sicher, dass mein Freund mich betrügt, ich **habe** es **im Gefühl**.

Gespenster sehen
ser paranoico

"Ver fantasmas (*Gespenster*)" alude de maneira divertida ao hábito que algumas pessoas têm de imaginar adversidades e todo tipo de confabulações e conspirações contra elas.

○ — Ich glaube, mein Mann hat eine Geliebte.
— Ach, du **siehst** doch nur wieder **Gespenster**!

Wind von etwas bekommen
ouvir rumores

"Receber um vento (*Wind*) de algo" significa saber de algo que deveria ser segredo. A expressão vem do vocabulário dos caçadores, especificamente de quando os cães descobrem o local das presas pelo vento.

○ — Hannah, ich **habe davon Wind bekommen**, dass ihr die Mathearbeit schon zurückbekommen habt ... Du hast mir gar nichts davon erzählt.
— Ja, Mama, ich habe leider eine Fünf.

ignorar

auf dem Schlauch stehen
ser meio lento

"Estar pisando na mangueira (*Schlauch*)" é uma expressão informal para indicar que não entendemos algo de primeira porque a transmissão neural está congestionada.

○ Ich **stehe** gerade total **auf dem Schlauch**, hilf mir mal bitte weiter: Was wollte ich eigentlich alles einkaufen? Das habe ich jetzt ganz vergessen.

auf der Leitung stehen
não fazer nem ideia

"Estar pisando no fio" significa estar meio lento de pensamento ou não entender algo de imediato; como se a mensagem não chegasse ao outro lado de uma linha telefônica.

○ Gib mir bitte einen Tipp, wie hieß das Restaurant von gestern noch mal? Ich **stehe** gerade **auf der Leitung**.

im Dunkeln tappen
às cegas

"Tatear na escuridão" significa não ter nenhum indício ou dado de um assunto, nenhuma pista que possa nos orientar.

○ Die Polizei **tappt** immer noch **im Dunkeln** nach dem vierfachen Mord am Dienstag, es gibt noch keine brauchbare Spur.

keine Ahnung (haben)
não ter nem ideia

Ahnung significa "pressentimento"; carecer até mesmo desse vislumbre de conhecimento destaca a ignorância de uma pessoa sobre certo assunto. A formulação positiva é *eine Ahnung von etwas bekommen*; ou seja, ter uma ideia de algum assunto.

○ — Hanna, weißt du, wie morgen das Wetter werden soll?
— Nein, **keine Ahnung**.

keinen (blassen) Schimmer von etwas haben
não ter nem a mais remota ideia de algo

Esta expressão aumenta a expressividade da anterior, pois indica o grau de desconhecimento sobre um tema específico. *Schimmer* significa "resplendor" ou "vislumbre".

○ — Meinst du, der Schmuck von meiner Mutter ist viel wert?
— Was fragst du mich, ich **habe** doch **keinen blassen Schimmer davon**.

weiß der Teufel
sei lá!, só Deus sabe

"O diabo (*Teufel*) sabe" é uma expressão que indica que a pessoa não sabe nada do assunto mencionado. O fato de se apelar ao diabo, em alemão, e a Deus, em português, seria uma coincidência? Talvez seja uma atitude desconfiada, em um caso, e confiante, no outro, em relação às coisas que ignoramos na vida.

○ **Weiß der Teufel**, wer um die Uhrzeit noch zu Hause anruft.

wer weiß?
talvez, quem sabe?

"Quem sabe?" O termo brasileiro "quem sabe" procede do italiano, *chi sà*, e alude à incerteza de uma ação referente, em geral, ao futuro sempre incerto.

○ Eigentlich gefällt es mir ja in Hamburg. Aber, **wer weiß**, vielleicht ziehen wir einmal ganz woanders hin. Wir wollen uns noch nicht festlegen.

ÜBER DEN BERG

SAÚDE OU DOENÇA

saúde

(wieder) auf die Beine kommen
recuperar-se, levantar-se, sarar, ficar de novo em pé

Significa "ficar de novo sobre as pernas (*Beine*)", em pé. Aqui, indica que a pessoa se recuperou de uma doença e voltou à sua vida normal.

○ Ich hoffe, dass mein Vater nach seiner Krankheit nun langsam **wieder auf die Beine kommt**.

(wieder) zu Kräften kommen
recuperar as forças

A expressão "voltar às forças (*Kräfte*)" significa restabelecer-se de uma doença e recuperar a vitalidade perdida.

○ Nach dieser Grippe musst du versuchen, **wieder zu Kräften** zu **kommen**.

doença

(nicht) auf dem Damm sein
(não) estar bem

"(Não) estar no monte (*Damm*)" indica coloquialmente que alguém está bem ou mal de saúde. A expressão costuma ser empregada positivamente, precedida de *wieder*, para indicar que alguém se recuperou de uma doença.

○ Ich hoffe, ich **bin** bis zum Wochenende wieder **auf dem Damm**, damit ich auf deine Geburtstagsparty kommen kann.

auf den Magen schlagen
fazer revirar o estômago

"Bater no estômago" pode ter tanto um sentido real quanto figurado. Neste último, indica que algo ou alguém provoca mal-estar ou preocupações em outra pessoa.

○ Ihr **schlägt** schon die kleinste Aufregung **auf den Magen**.

bergab gehen
ir de mal a pior

bergauf gehen
ir se recuperando

Bergab significa "ladeira abaixo" e *bergauf*, "morro acima". Esta expressão costuma ser empregada para se referir a pessoas doentes ou convalescentes, no sentido de piorar (*bergab*) ou se recuperar e experimentar melhora (*bergauf*).

○ 1) Nach seinem Schlaganfall **geht** es mit meinem Opa **bergab**. Er kann nicht einmal mehr reden.

2) Ich bin so froh, dass meine Mutter die Herzoperation gut überstanden hat. Jetzt müsste es endlich **bergauf gehen**.

das Bett hüten (müssen)
ter que ficar de molho, ficar de cama

Expressão similar em ambos os idiomas, utilizada quando alguém precisa repousar para se recuperar.

○ Der Arzt hat mir gesagt, dass ich mit dieser Grippe nun einige Tage **das Bett hüten muss**.

die Nase läuft
estar com o nariz pingando, escorrendo

Quando alguém está resfriado e o ranho escorre, dizemos que "o nariz (*Nase*) está correndo".

○ Meine beiden Kinder sind schon wieder erkältet: Sie haben Husten und ihnen **läuft** den ganzen Tag lang **die Nase**.

Gift sein für jdn
ser um veneno

"Ser um veneno (*Gift*) para alguém" significa que algo é tóxico ou muito prejudicial para a saúde de uma pessoa. Também pode ser usado em sentido figurativo: por exemplo, quando se fala das medidas políticas que são prejudiciais à economia.

○ Alkohol in der Schwangerschaft **ist Gift** für Mutter und Kind.

über den Berg sein
o pior já passou

Literalmente seria "ter passado pela montanha". As provas difíceis sempre são morro acima – pergunte aos ciclistas. Com esta locução, geralmente relacionada à saúde, expressamos que, por fim, o pior de uma crise já passou.

○ Der Arzt meinte gestern zu uns, dass Hans wohl endlich **über den Berg ist** und bald aus der Intensivstation kommt.

unters Messer kommen / müssen
ter que entrar na faca, operar

"Ter que ir debaixo da faca (*Messer*)" é uma expressão coloquial para quem vai se submeter a uma cirurgia.

○ Leider **muss** ich im April schon wieder **unters Messer**... Nach der Blinddarm-OP ist nun mein Knie dran.

WAS GIBT'S?

CHEGADAS E DESPEDIDAS

chegadas

immer/nur herein in die gute Stube!
bem-vindo a minha humilde residência!

Expressão coloquial engraçada utilizada para convidar alguém a entrar em seu quarto ou casa. *Die gute Stube* significa "sala".

○ Hallo ihr Lieben, schön, dass ihr da seid! **Immer herein in die gute Stube!**

was gibt's?
e aí?

Expressão informal para cumprimentar, antes do início de uma conversa com alguém.

○ Na, Yvonne, **was gibt's**?

wie geht's, wie steht's?
tudo bem?, como vai?

Fórmula de cumprimento coloquial comum entre pessoas que se conhecem e que têm confiança entre si. Para pessoas a quem tratamos formalmente, usamos a forma *Wie geht es Ihnen?*

○ — **Wie geht's, wie steht's?**
— Danke, super!

despedir-se

bis dann!
até logo!

Fórmula coloquial habitual para se despedir por um curto período de tempo. Em português, a fórmula coloquial "Até logo!" ameniza a despedida e dá por certo que haverá um "logo", independentemente de ser em breve ou não.

○ Ich muss jetzt leider wieder gehen. **Bis dann!**

mach's gut!
tudo de bom!

Esta fórmula de despedida coloquial é de uso habitual entre pessoas conhecidas. A fórmula mais neutra e equivalente a quando nos tratamos por senhor (*Sie*) seria *Auf Wiedersehen!*.

○ **Mach's gut**, wir sehen uns dann morgen!

WER A SAGT, MUSS AUCH B SAGEN

CONTINUAR OU PARAR

continuar

alles abklappern
bater de porta em porta

O verbo coloquial *abklappern* significa procurar algo percorrendo todos os lugares imagináveis, todas as lojas, uma por uma, ou todas as pessoas que possam nos ajudar a encontrar o que necessitamos.

○ Für die Hochzeit meines Bruders brauche ich noch ein Kleid. Ich **habe alle** Läden in der Stadt **abgeklappert**, aber ich habe nicht das Richtige gefunden.

am Ball bleiben
prosseguir

"Continuar com a bola (*Ball*)" tem o sentido de permanecer ativo em um assunto e perseguir o objetivo inerente a ele com empenho, sem desistir.

○ Wenn dir Anna schon solche Andeutungen gemacht hat, glaube ich, lohnt es sich, **am Ball zu bleiben**.

das letzte Wort ist noch nicht gesprochen
a última palavra ainda não foi dita

Expressão idêntica em ambos os idiomas para indicar que uma decisão definitiva sobre algum assunto ainda não foi tomada.

○ In der Debatte über die Atomenergie **ist das letzte Wort noch nicht gesprochen**, das Thema wird im nächsten Jahr weiter diskutiert werden.

es gibt kein Zurück (mehr)
não tem (mais) volta

Expressão usada para indicar que não é possível retroceder a posições anteriores, somente avançar. Os navios que poderiam nos devolver a terras conhecidas foram queimados.

○ Für die Revolutionäre in Syrien und ihre Landsleute im Ausland, die sie nach Kräften zu unterstützen suchen, ist klar: **Es gibt kein Zurück mehr.**

nicht lockerlassen
não ceder, não dar o braço a torcer

O adjetivo *locker* é utilizado, entre outras acepções, para algo que está frouxo ou solto. Nesse caso, significa manter a tensão de um assunto, não dar o braço a torcer.

○ Die Atomkraftwerksgegner wollen **nicht lockerlassen** und planen weitere Aktionen, um Atom-Transporte zu boykottieren.

wer A sagt, muss auch B sagen
quem está na chuva é para se molhar

"Quem diz A, também tem de dizer B"; ou seja, quem começa algo tem de ser capaz de levá-lo até o fim. É preciso ser consequente.

○ Um in diesem Jahr endlich aufzusteigen, haben wir unser Stadion ausgebaut, einen Profitrainer engagiert, jetzt müssen wir einfach auch noch ein paar gute Spieler kaufen, selbst wenn wir uns dabei verschulden — **wer A sagt, muss auch B sagen.**

parar

**außer Atem /
Puste kommen**
*com a língua de
fora, sem fôlego*

Após exercícios físicos puxados ou continuados, a pessoa fica sem fôlego. O substantivo *Atem* ("fôlego") procede de *das Atmen* ("a respiração", *atmen*, "respirar") e pertence ao registro neutro da língua, ao passo que *Puste* é informal e pertence a um registro de linguagem familiar. Esta expressão é utilizada quando alguém está no fim de suas forças, de seus meios, ou angustiado por sua situação financeira.

○ Langlaufen ist wirklich anstrengender, als ich dachte, da **kommt** man schnell **außer Atem**.

das Handtuch werfen
jogar a toalha

Expressão equivalente nos dois idiomas, tem origem nas lutas de boxe. Quando um treinador vê que seu boxeador está em clara situação de inferioridade, joga uma toalha (*Handtuch*) ou uma esponja (*Schwamm*) no ringue para dar por perdida a competição e, assim, impedir que o pugilista leve uma surra maior do que já levou.

○ — Ich habe gestern zum ersten Mal versucht, Paella zu machen. Das Ergebnis war ein ekelhaft pappiger Reis mit Fischgeschmack. Nie wieder!
— Na komm, du kannst doch nicht schon nach dem ersten Versuch **das Handtuch werfen**! Beim nächsten Mal klappt es bestimmt besser.

die Flinte ins Korn werfen
jogar a toalha, dar-se por vencido

"Jogar o fuzil (*Flinte*) no campo de cereais" significa desanimar e fraquejar precipitadamente diante de uma situação adversa. A imagem remete ao meio militar: antigamente, nem todos os soldados usavam uniforme e, quando viam a batalha já perdida, bastava que jogassem o fuzil no campo de trigo para fugir como civis.

○ Jetzt **wirf** doch nicht gleich **die Flinte ins Korn**, die nächste Prüfung klappt bestimmt besser.

die Puste geht jdm aus
ficar sem fôlego, pôr os bofes para fora

Expressão própria da linguagem coloquial que pode parecer exagerada (afinal, o fôlego, *Puste*, costuma voltar cedo ou tarde), mas indica que alguém chegou ao limite de suas forças e não aguenta mais a situação.

○ Schon zu Beginn der zweiten Halbzeit **ging** den Spielern des FC Bayern **die Puste aus**.

ein toter Punkt
parado, em ponto morto

Esta expressão, tomada da linguagem técnica e idêntica em ambos os idiomas, significa que um assunto travou de tal maneira que não há mais progressos no seu desenrolar.

○ Die Polizei war bei der Aufklärung des Falls gerade an **einem toten Punkt** angelangt, als die entscheidende Spur kam.

einen Rückzieher machen
dar para trás

Normalmente é utilizada no sentido de não manter a palavra dada que, em geral, fora anunciada anteriormente com alarde.

○ Obwohl ich wirklich Angst vor dem Fallschirmsprung hatte, habe ich keinen **Rückzieher gemacht** und bin gesprungen.

etwas im Keim ersticken
cortar o mal pela raiz

Significa "sufocar algo ainda como germe (*Keim*), em sua origem"; ou seja, sem permitir que se desenvolva ou tome proporções desmesuradas. Recordemos o infausto aprendiz de bruxo (*Der Zauberlehrling*) da balada de Goethe, de leitura mais que recomendável ao som da excelente peça musical de Paul Dukas baseada nesse texto. O feitiço escapa das mãos do aprendiz, por não saber encerrá-lo quando ainda estava em fase germinal.

○ In vielen nicht demokratischen Ländern werden alle Aufstände sofort mit Gewalt **im Keim erstickt**.

etwas sausen lassen
largar, desistir

Nesta acepção, referente a objetos, o sentido é "largar" ou "renunciar a algo", como um projeto, uma carreira etc.

○ Er hat das Gymnasium **sausen lassen**, nur um Schauspieler zu werden.

sich auf seinen Lorbeeren ausruhen
dormir sobre os louros

Expressão idêntica, salvo no verbo empregado. Em alemão se diz "descansar (*ausruhen*) em seus louros (*Lorbeer*)". Esta expressão significa descansar depois de ser bem-sucedido. Na Antiguidade clássica, o louro era a planta que simbolizava a vitória e era concedido aos ganhadores de alguma competição.

○ Nach einem großen Erfolg ist es besser, **sich** nicht **auf seinen Lorbeeren aus**zu**ruhen**, sondern weiter hart zu arbeiten.

ICH DENK, MICH TRITT EIN PFERD!

SURPRESA

espanto

allen Ernstes
sério?, jura?

Literalmente, "com toda a seriedade". Quando faz parte de uma pergunta, manifesta a surpresa causada por uma notícia ou uma declaração de intenções. E em uma afirmação, antecipa-se à cara de espanto do interlocutor.

○ Willst du **allen Ernstes** in China studieren?

alter Schwede!
nossa!, caramba!

Interjeição que indica grande surpresa. Para outros usos de *alter Schwede*, veja também a página 204.

○ **Alter Schwede**, da hast du aber wirklich ein tolles Auto gekauft!

das kann / darf (doch) nicht wahr sein!
não pode ser!, não é possível

Neste caso, a incredulidade diante da evidência (de formulação quase idêntica à versão do português) conota mais raiva do que surpresa.

○ **Das kann doch nicht wahr sein**! Jetzt ist mein Auto schon wieder kaputt!

ich denk, mich tritt ein Pferd
achei que ia ter um troço

Uma surpresa enorme, conforme se deduz, sem dúvida, da pisada do cavalo mencionado na locução alemã.

○ **Ich dachte, mich tritt ein Pferd**, als ich auf einmal meinen Mann im Arm einer anderen sah! Dieses Schwein!

(ich glaube,) mich laust der Affe!
macacos me mordam!

Esta exclamação informal, "(acho que) o macaco (*Affe*) está me tirando os piolhos", indica a perplexidade diante de uma notícia ou acontecimento. Parece que a expressão provem do mundo circense, em que, durante o espetáculo, surgia um personagem com um macaco, e este subia nos ombros de um espectador e fingia tirar-lhe os piolhos, coisa que provocava um enorme sobressalto.

○ Die Schule soll geschlossen werden? **Ich glaub, mich laust der Affe**! Das kann doch einfach nicht stimmen!

wie bitte?
como?, o quê?

Pergunta cortês utilizada quando não entendemos nosso interlocutor, seja por um defeito de audição, seja por não acreditar no que estamos ouvindo. Neste segundo caso, diríamos "coooomo?" ou "o quêêêê?".

○ — Mama, ich will ausziehen.
— **Wie bitte**? Du bist doch gerade einmal siebzehn Jahre alt!

surpresa

(große) Augen machen
arregalar os olhos

"Pôr olhos (grandes)" é uma frase que expressa espanto ou admiração.

- Meine Eltern werden **Augen machen**, wenn sie sehen, dass wir die Wohnung komplett renoviert haben.

aus allen Wolken fallen
ficar de queixo caído, ficar pasmo

"Cair de todas as nuvens (*Wolke*)" conota uma surpresa imensa, grande como a queda do mundo dos sonhos à crua realidade.

- Als mir mein Mann erklärte, dass er sich von mir trennen wollte, **fiel** ich **aus allen Wolken**.

das gibt es doch (gar) nicht!
não pode ser!

Literalmente seria "isso não existe" e em sentido figurado subentender um grau elevado de incredulidade ou surpresa.

- Was? Inga ist mit Lisa zusammen? **Das gibt's doch gar nicht**!

das ist (ja) der Hammer!
nossa!, incrível!

A exclamação "Isso é o martelo (*Hammer*)!" conota uma surpresa imensa.

- Was, du bist gefeuert worden? **Das ist ja der Hammer**! Nach über 10 Jahren in der Firma!

jdm bleibt die Spucke weg
ficar pasmo, ficar mudo

Com "ficar sem saliva (*Spucke*)" se expressa, de maneira bem gráfica, o maior dos espantos, aquele que nos deixa sem fala e de boca seca.

- Hast du schon Andis Freundin gesehen? Bei so einer tollen Frau **bleibt** einem wirklich **die Spucke weg**.

jdn mit offenem Mund stehenlassen
deixar alguém boquiaberto, de queixo caído

Expressão comum nos dois idiomas que faz referência a uma situação de estupefação. Realmente ficamos atônitos, com a boca bem aberta diante de uma notícia como a do exemplo: os tempos não são mais os mesmos para ter seis filhos.

○ Ernst hat mich gestern **mit offenem Mund stehengelassen**, als er mir erzählt hat, dass seine Frau nun zum sechsten Mal schwanger ist.

sein blaues Wunder erleben
ter uma surpresa, ver o que é bom

O azul é a cor da trapaça, da mentira, segundo uma antiga concepção linguística. "Viver sua maravilha (*Wunder*) azul" significa ter uma surpresa desagradável, sofrer uma decepção. Costuma ser usado em tom de ameaça, para advertir o ouvinte sobre uma punição inesperada futura.

○ Wenn sich die Schüler weiterhin so schlecht benehmen, werden sie **ihr blaues Wunder erleben**! Dann gibt es jeden Tag Prüfungen.

wie ein Blitz aus heiterem Himmel
de repente, de supetão

"Como um raio (*Blitz*) caído do céu (*Himmel*)" faz referência a um evento completamente inesperado (e desagradável) para o qual não se estava preparado(a).

○ Die Nachricht vom Tod ihrer Mutter traf sie **wie ein Blitz aus heiterem Himmel**.

das ist ja (wirklich) allerhand!
inacreditável!, cada coisa que acontece!

Expressão com a qual se conota a incredulidade diante de algo inaudito que se julgava impossível.

○ Was? Der Neue hat schon seine erste Gehaltserhöhung bekommen und wir warten seit Jahren darauf ... **Das ist ja wirklich allerhand!**

PECH GEHABT!

SORTE

boa sorte

auf Anhieb
de primeira, de cara

Expressão que indica que se conseguiu realizar algo imediatamente, embora no início não tivesse certeza de conseguir (pela dificuldade intrínseca à coisa ou pela inexperiência da pessoa em realizá-la).

○ Erst hatte ich ein bisschen Angst vor meiner neuen Arbeit, aber es hat alles **auf Anhieb** super geklappt.

auf gut Glück
irrefletidamente, na sorte

"À boa sorte (*Glück*)"; ou seja, tentar a sorte, sem calcular seus efeitos.

○ Ich habe mir dieses Kleid **auf gut Glück** gekauft, ohne es anzuprobieren, aber es passt super!

das Blatt wendet sich
virar a sorte

Blatt significa "folha" e também "carta", ou "mão (de cartas)" nos jogos de baralho. Esta locução alude à mudança de sorte no jogo e, por extensão, à guinada radical que ocorre em uma situação específica.

○ Erst lag unsere Mannschaft 0:2 zurück, aber dann **hat sich das Blatt gewendet** und wir haben 4:2 gewonnen.

das große Los gezogen haben
ganhar na loteria, tirar a sorte grande

Expressão equivalente em ambos os idiomas que deve existir em todos os países com loteria, *Los*, em que o sonho mais comum é ter seu bilhete premiado. Em sentido figurado, significa ter muita sorte com alguma coisa.

○ Mit Hannes **hat** Martina **das große Los gezogen**: Er ist charmant, hübsch und hat auch noch Geld!

ein Glückspilz sein
ser sortudo

"Ser um cogumelo (*Pilz*) da sorte (*Glück*)" passa a imagem simpática daquelas pessoas afortunadas em tudo o que fazem. É exatamente o contrário de um *Pechvogel*.

○ Ich scheine ein richtiger **Glückspilz** zu **sein**, ich habe schon vier Mal bei Preisausschreiben gewonnen.

Glück im Unglück
dos males, o menor

Com essa locução, devemos nos dar por satisfeitos em uma situação desfavorável porque poderia ter havido consequências muito mais graves.

○ Das war aber wirklich **Glück im Unglück**, dass du dir bei dem Unfall nur den Arm gebrochen hast!

jdm die Daumen drücken / halten
desejar boa sorte a alguém

Com a frase "apertar os polegares (*Daumen*) para alguém" deseja-se muito sucesso a uma pessoa, especialmente quando ele ou ela se encontra em alguma situação delicada ou difícil. Vem acompanhada do gesto de esconder os polegares com os outros dedos e se trata de uma das poucas manifestações de antigos rituais que sobreviveu até nossos dias.

○ — Morgen habe ich meine praktische Fahrprüfung.
— Ich **drücke** dir **die Daumen**, du bestehst bestimmt.

jdm Hals- und Beinbruch wünschen
boa sorte!

Fórmula utilizada para espantar o azar explicitando o pior que poderia acontecer. A expressão alemã diz nada mais, nada menos que: "desejar que alguém quebre o pescoço e as pernas". Esta expressão de tão maus desejos indica justamente o contrário. No mundo do teatro, por exemplo, existe a expressão equivalente "merda", utilizada para desejar boa sorte na estreia de uma peça. Essa forma de proceder é denominada antífrase, um recurso estilístico cheio de ironia, frequente em frases feitas e locuções.

○ — Morgen habe ich mein erstes Turnier im Dressurreiten ...
— Na, dann mal **Hals- und Beinbruch**!

mehr Glück als Verstand haben
nascer com a estrela na testa

Com "ter mais sorte (*Glück*) do que entendimento (*Verstand*)" coloquialmente se dá a entender que alguém é bem-sucedido só por causa de sua boa sorte, e não por suas habilidades. Também pode significar que alguém teve uma sorte descomunal em uma situação de risco e perigo extremo.

○ **Mehr Glück als Verstand** hatten die sechs Skifahrer, die von einer Lawine verschüttet wurden und ohne Verletzungen geborgen werden konnten.

mit einem blauen Auge davonkommen
dar-se bem

"Sair ou escapar (*davonkommen*) com um olho azul" é considerada uma expressão positiva, visto que poderia ter sido muito pior. De fato, expressa que em determinada situação a pessoa sofreu "só" um arranhão, quando a coisa poderia ter mudado do azul ao preto do luto.

○ Die deutsche Stahlindustrie ist in der Finanzkrise gerade noch **mit einem blauen Auge davongekommen.**

Schwein haben
ter nascido com a bunda virada para a lua

A expressão "ter porco (*Schwein*)" remonta, com certeza, aos tempos de fome e colheitas ruins, quando ter um porco significava, para uma família europeia, poder sobreviver ao duro inverno daquela época. O porco teria sido o salvador de uma infinidade de lares, visto que é um animal do qual se aproveita tudo e ao qual deveria ser feita uma homenagem, um dia. Na atualidade, é comum vermos cofrinhos com formato de porco.

○ Mann, da hast du aber richtig **Schwein gehabt,** dass du dir bei dem Unfall nichts getan hast! Dein Auto ist ja Totalschaden.

toi, toi, toi!
boa sorte!

Exclamação com a qual se deseja boa sorte a uma pessoa que inicia um novo projeto. A interjeição repetida três vezes serve tanto para desejar boa sorte quanto para conjurar a desgraça. Esse ritual remonta ao valor que se dava ao ato de cuspir três vezes, que as mentes populares e supersticiosas relacionavam com a chegada da boa sorte.

○ **Toi, toi, toi**! Ich wünsche dir viel Glück für die Fahrprüfung morgen!

zum Glück
por sorte

Glück significa tanto "sorte" ou "fortuna" como "felicidade" ou "alegria".

○ **Zum Glück** ist mir nichts passiert bei dem Unfall gestern.

azar

die Arschkarte ziehen
dar-se mal, levar a pior

Significa "tirar a carta do cu (*Arsch*)", no sentido de sair prejudicado em um assunto ou levar a pior. Parece que a expressão alemã remonta aos tempos em que os árbitros de futebol guardavam os cartões amarelos e vermelhos no bolso de trás da calça.

○ — Hast du schon die Schichteinteilung gesehen, Andi? Du musst an Heiligabend arbeiten!
— Ja, ich weiß, ich **habe** wieder einmal **die Arschkarte gezogen**.

ein Pechvogel sein
ser pé-frio

Um pássaro de piche (*Pech*) é alguém que tem muito azar. Essa expressão provém da época em que se untavam os galhos das árvores com piche (veja na página seguinte *Pech gehabt!*) para caçar pássaros. O que ficava grudado era o *Pechvogel*. Batamos três vezes na madeira perto de um pássaro (*Vogel*) desses, porque parece que o azar não o larga; se bem que todos nós já tivemos alguma época na vida que, sem sombra de dúvidas, poderíamos chamar de *Pechvogel*.

○ Der arme Michael! Erst die Trennung von seiner Frau und dann diese schlimme Krankheit! Er **ist** wirklich **ein Pechvogel**!

ein Unglück kommt selten allein
uma desgraça nunca vem sozinha

Expressão comum em ambos os idiomas, proveniente, talvez, de uma antiga superstição. Seu uso poderia servir de consolo quando sofremos mais de uma desgraça (*Unglück*) em sequência; e, se a maré de azar durar muito, podemos nos considerar um verdadeiro *Pechvogel*.

○ Zuerst ist die Waschmaschine kaputt gegangen und jetzt haben wir auch noch einen Wasserschaden! Aber man weiß ja, **ein Unglück kommt selten allein**.

man soll den Tag nicht vor dem Abend loben
melhor não cantar vitória antes da hora

Com "não se deve elogiar o dia antes do cair da noite (*Abend*)" recomenda-se não se precipitar na celebração de qualquer conquista, já que a sorte pode mudar repentinamente e virar o jogo.

○ Das Finale lief sehr gut für den FC Bayern, bis zur 89. Minute. Da haben wir dann 2 Tore kassiert und doch noch verloren. Ich sage ja immer, **man soll den Tag nicht vor dem Abend loben**.

Pech gehabt!
que zica!, que azar!

Exclama-se diante de uma situação irreversível, quando alguém se equivocou e já não há meio de consertar as coisas. Em geral, esta expressão é dita com certa maldade. *Pech* (piche) é uma substância preta e viscosa destilada do alcatrão, que, entre outras coisas, é usada para impermeabilizar os barris de vinho. A associação entre o viscoso (que meleca) e o azar é evidente.

○ — Ich sollte langsam mal nach Karten für das Take-That-Konzert schauen ...
— Tja, **Pech gehabt**, die sind schon alle ausverkauft.

FÜR DIE KATZ

SER BEM-SUCEDIDO OU FRACASSAR

ser bem-sucedido

den Nagel auf den Kopf treffen
acertar em cheio

"Dar na cabeça do prego (*Nagel*)" tem o mesmo sentido que "acertar" em português, particularmente acompanhado de uma explicação que revela razões que permaneciam ocultas.

○ Mit dieser tollen Analyse **triffst** du **den Nagel auf den Kopf**.

etwas (nicht) auf die Reihe kriegen / bringen / bekommen
dar conta

"Receber/levar algo em fila (*Reihe*)" indica que a pessoa é capaz de realizar determinadas tarefas, controlando-as, sem ficar sobrecarregado.

○ Nach der Geburt ihres letzten Sohnes war es für sie schwer, den Alltag mit vier kleinen Kindern **auf die Reihe** zu **bekommen**.

Fuß fassen
deitar raízes

Frase que conota a consolidação ou estabilização de uma pessoa em um país, um ofício ou um lugar determinado. Por exemplo, indica que essa pessoa se integrou ao seu entorno, como se tivesse fixado o pé (*Fuß*) nesse lugar e se arraigado para crescer com força.

○ Selbst nach sechs Monaten in dem Job hat sie es einfach noch nicht geschafft, hier **Fuß** zu **fassen**.

ins Schwarze treffen
*na mira, acertar
em cheio*

Em alemão, acertar na mira é "dar no preto (*schwarz*)", que fica no centro do alvo.

○ Mit diesem Geschenk **hast** du **voll ins Schwarze getroffen**, Hannes fand es super!

wie am Schnürchen laufen / klappen
às mil maravilhas, redondo

Quando tudo funciona até melhor do que se poderia desejar, em alemão se usa a expressão "funcionar como um cordãozinho (*Schnürchen*)"; ou seja, redondinho, sem sobressaltos.

○ Ich kann mich momentan nicht beschweren, alles **klappt wie am Schnürchen**: im Job, daheim, mit dem Geld...

zwei Fliegen mit einer Klappe schlagen
matar dois coelhos com uma cajadada só

"Acertar duas moscas (*Fliegen*) com uma tampa" é o equivalente coloquial alemão aos coelhos e à cajadada da versão em português. Expressão aparentemente violenta com um significado muito positivo, pois se alcança um duplo objetivo com uma única ação: rendimento máximo com o mínimo esforço. Enfim, o cúmulo da eficácia.

○ Wenn Sie zu unserem Internetanbieter wechseln, **schlagen** Sie gleich **zwei Fliegen mit einer Klappe**: Sie erhalten mehr Geschwindigkeit und zahlen einen niedrigeren Tarif als bei ihrem momentanen Anbieter.

fracassar

auf dem Holzweg sein, sich auf dem Holzweg befinden
estar no caminho errado

"Estar no caminho de madeira (*Holzweg*)" indica que alguém está completamente equivocado em sua opinião ou no que diz. Nos bosques alemães, o caminho de madeira era a trilha utilizada apenas para cortar as árvores e não levava a lugar nenhum.

○ Wer gedacht hatte, nun würde es bergauf gehen mit der Wirtschaft, musste schnell einsehen, dass er **sich auf dem Holzweg befand**, auch in diesem Jahr ging das Wirtschaftswachstum um ein Prozent.

ein Schlag ins Wasser sein
um furo n'água

Quando algo é "um golpe (*Schlag*) na água" significa que não obteve o resultado esperado, que foi um fracasso.

○ Die neue Verkehrsregelung an dieser Kreuzung **war ein Schlag ins Wasser**: Es gab sogar noch mehr Unfälle seitdem.

etwas in den Sand setzen
fracassar, não dar certo

"Sentar algo na areia (*Sand*)" é não assentá-lo em alicerce firme. Tem o significado de sofrer um fracasso, normalmente por culpa própria, em uma prova ou um negócio, por exemplo.

○ Ich **habe** die Prüfung in Statistik total **in den Sand gesetzt**. Jetzt hoffe ich nur, dass ich in der nächsten besser abschneide.

etwas ist für die Katz
algo é inútil, não serve para nada

A expressão "algo é para o gato (*Katze*)" significa que algo é em vão, inútil. Tem origem na época em que os animais domésticos se alimentavam única e exclusivamente de restos de comida.

○ Oh nein, Mama! Hannes hat mein Biologieprojekt kaputt gemacht! Die ganze Arbeit **war für die Katz**!

für nichts und wieder nichts
porque sim, sem motivo

Em "por nada e outra vez nada", a repetição de *nichts* intensifica a sensação de vazio e destaca a perplexidade causada por não haver nenhuma causa que o justifique.

○ An vielen Orten der Welt werden unschuldige Menschen **für nichts und wieder nichts** umgebracht.

in etwas ist der Wurm drin
tem gato nessa tuba, tem coelho nesse mato

"O verme (*Wurm*) está metido em algo" é uma expressão coloquial com a qual se dá a entender que algo não está como deveria.

○ Mein Mann und ich hatten gestern einen heftigen Streit. In unserer Ehe **ist** leider schon länger **der Wurm drin**.

ins Auge gehen
acabar mal

"Ir ao olho (*Auge*)" significa que alguma coisa deu errado ou que teve consequências desastrosas.

○ Mein Sohn hat gestern mit Schießpulver experimentiert, das **hätte** echt **ins Auge gehen** können.

ins Fettnäpfchen / in den Fettnapf treten
pisar na bola, dar bola fora

Fettnäpfchen, em outros tempos, era um recipiente cheio de graxa para botas. Podemos imaginar a cena de alguém pisando nele sem querer. Em sentido figurado, significa cometer uma indiscrição, dizer algo inoportuno ou equivocado (talvez fruto de uma diferença cultural, *wer weiß*) que pode incomodar o interlocutor.

○ — Gestern habe ich Angela gesagt, sie soll ihrer Mutter schöne Grüße ausrichten, dabei ist sie wohl vor ein paar Wochen gestorben!
— Oh, da **bist** du aber ganz schön **ins Fettnäpfchen getreten**.

knapp daneben ist auch vorbei, knapp daneben ist auch daneben
errar por pouco também é errar

Encontramo-nos diante de uma questão de "tudo ou nada", sem meio-termo, em que o *knapp* ("por pouco") da locução foi rejeitado como circunstância atenuante. Assim, entre o fracasso e o sucesso só pode haver um *knapp* que, mesmo próximo ao sucesso é impossível.

○ Der CDU wird das allerdings nichts nützen: Zusammen mit der FDP kommt sie auf 35 Stimmen, die Mehrheit wären 36. **Knapp daneben ist auch vorbei.**

Mist bauen
pisar na bola

A expressão "produzir esterco (*Mist*)" é utilizada no sentido de cometer um erro ou fazer uma bobagem. É de registro um pouco mais aceitável do que seu equivalente mais vulgar *Scheiße* ("merda") *bauen*.

○ — Mensch, Inga, du hast das Tor offen gelassen und jetzt ist der Hund weg!
— Tut mir echt leid, ich weiß, ich **habe** riesen **Mist gebaut**.

nach hinten losgehen
sair o tiro pela culatra

Algo pode produzir um resultado contrário aos nossos propósitos e, sem querer, levar-nos ao fracasso. Como diz o ditado: "De boas intenções o inferno está cheio". Os efeitos adversos de qualquer ação (por mais bem-intencionada que seja) são imprevisíveis!

○ Bei einer Wahlkampagne sollte man lieber ehrlich sein, denn faule Versprechungen können schnell **nach hinten losgehen**.

selber Schuld!
a culpa é sua!

Locução que destaca que a própria pessoa é responsável pelo fracasso porque não há outro em quem jogar a culpa.

○ — Mensch, ich habe in Latein eine Fünf bekommen!
— **Selber Schuld**, du hättest eben mehr lernen sollen.

sich ein Eigentor schießen
atirar pedras no próprio telhado

Fazer gol contra, como dizem os alemães, é provocar o próprio prejuízo por meio de uma ação normalmente irrefletida.

○ Mit der Entscheidung, vor Gericht zu gehen, **schoss sich** die Firma **ein Eigentor**.

sich in den Hintern / Arsch beißen
morrer de raiva, arrepender-se

"Morder-se o traseiro (*Hintern*) ou a bunda" é uma frase informal e exagerada que expressa hiperbolicamente a raiva que se sente quando se desperdiça uma oportunidade.

○ Ich könnte **mir** jetzt immer noch **in den Arsch beißen**, dass ich dieses tolle Stellenangebot nicht angenommen habe.

sich ins eigene Fleisch schneiden
atirar pedras no próprio telhado

"Cortar a própria carne (*Fleisch*)" significa prejudicar a si mesmo.

○ Ich denke, du **schneidest dir ins eigene Fleisch**, wenn du jetzt das Studium abbrichst.

was zu spät ist, ist zu spät!
tarda, mas não falha

A expressão "o que acontece tarde demais acontece tarde demais (*zu spät*)" expressa, apesar da formulação aparentemente elementar e redundante, toda sua certeza esmagadora: o que se esperava chega, mas fora do prazo.

○ Mensch, jetzt hätte ich noch ein viel besseres Urlaubsangebot gefunden! Aber wir haben ja schon gebucht, **was zu spät ist, ist zu spät**.

BEI WIND UND WETTER

METEOROLOGIA

die Sonne lacht
está sol

"O sol (*Sonne*) ri" expressa que o tempo está efetivamente bom.

○ Am schönsten sind die Tage, wenn draußen **die Sonne lacht**.

bei Wind und Wetter
faça chuva ou faça sol

Bei é uma preposição que rege sempre o dativo e que tem, entre outros, um significado condicional e concessivo. Literalmente, a frase diz "com vento e temporal" para ressaltar que a ação será realizada independentemente do tempo lá fora.

○ Hunde müssen auch **bei Wind und Wetter** ausgeführt werden.

es regnet / gießt / schüttet wie aus Kübeln
chover canivete, chover a cântaros

Kübel é balde, bacia. Trata-se de uma expressão hiperbólica para compartilhar a sensação de que as comportas da represa celeste foram abertas.

○ Heute habe ich gar keine Lust, aus dem Haus zu gehen, denn **es schüttet wie aus Kübeln**.

es regnet in Strömen
cair um pé d'água, chover a rodo

Strom é um caudal, um rio que corre muito rápido. A expressão "chover a caudais" destaca a intensidade do dilúvio.

○ Aus unserem Ausflug heute wird leider nichts, **es regnet in Strömen**.

AUF DER FAULEN HAUT

TRABALHAR OU NÃO

trabalhar

alle / beide Hände voll zu tun haben
estar atolado de trabalho

"Ter as duas mãos (*Hände*) completamente ocupadas" intensifica, com uma imagem muito clara, a quantidade de trabalho que a pessoa tem, a ponto de não ter tempo para mais nada.

○ Mit drei kleinen Kindern zu Hause **hat** eine Mutter **alle Hände voll zu tun**.

arbeiten wie ein Pferd / Ochse
trabalhar como uma mula, como um camelo

"Trabalhar como um cavalo (*Pferd*)" ou "como um boi (*Ochse*)" é uma comparação hiperbólica relativa à vida profissional. A expressão não faz referência somente ao esforço físico, mas também ao empenho e ao tempo dedicado ao trabalho.

○ Ich **habe** mein Leben lang **gearbeitet wie ein Pferd** und nun bekomme ich nur eine miserable Rente.

erst die Arbeit, dann das Vergnügen
primeiro a obrigação, depois a diversão

Esta é a expressão predileta dos pais que querem inculcar em seus filhos o senso do dever: "primeiro o trabalho (*Arbeit*) e depois a diversão (*Vergnügen*)", e não o contrário, como insistem em acreditar muitos *bons-vivants*, que fingem não conhecer a fábula da cigarra e a formiga.

○ Komm, jetzt machen wir erst einmal das Projekt fertig, bevor wir in die Kaffeepause gehen. **Erst die Arbeit, dann das Vergnügen.**

erwerbstätig sein
ter um emprego, trabalhar

Erwerb é tanto a compra quanto o trabalho ou a atividade laboral. *Erwerbstätig sein* significa "trabalhar e gerar receita" de forma estável, com contrato, holerite etc.

○ Die Mehrheit der Behinderten möchte selbstständig leben und **erwerbstätig sein**.

etwas in Arbeit geben
mandar confeccionar, mandar fazer

"Dar algo em trabalho (*Arbeit*)" significa encomendar um trabalho a um terceiro, hábito cada vez mais presente nas empresas modernas, que desejariam terceirizar tudo, menos sua administração.

○ Ich **habe** für unsere Firma ein neues Logo **in Arbeit gegeben**, nächste Woche werden wir die ersten Entwürfe bekommen.

in Betrieb sein
estar em funcionamento, funcionar

Expressão utilizada quando uma máquina ou uma instalação está em funcionamento. Portanto, se um dia encontrarmos um aviso na porta do elevador com a expressão contrária, *außer Betrieb* ("fora de serviço" ou "não funciona"), saberemos claramente que teremos de subir pelas escadas.

○ Das neue Kernkraftwerk **ist** nun schon seit zwei Jahren **in Betrieb**.

ohne Fleiß kein Preis
nada cai do céu; sem dor, não há vitória; sem esforço, não há resultado

Eis outra expressão que ressalta o valor do trabalho acima da indolência. "Sem esforço (*Fleiß*) não há prêmio (*Preis*)" ou "as coisas não caem do céu" faz referência à necessidade de trabalhar para atingir um objetivo e evitar ficar de braços cruzados. Note que o substantivo masculino *Preis* significa tanto "prêmio" quanto "preço".

○ Wenn du einen Roller haben möchtest, Andi, musst du dafür arbeiten. **Ohne Fleiß kein Preis.**

von nichts kommt nichts
nada cai do céu

"Do nada (*nichts*) não sai nada" alude ao esforço indispensável que se deve realizar em cada atividade humana para atingir a meta proposta. Esta frase remonta ao poeta Lucrécio, quando aborda os ensinamentos aristotélicos de um mundo eterno, sem uma criação original.

○ Wer einen perfekten Körper haben möchte, muss hart dafür trainieren. **Von nichts kommt nichts.**

was du heute kannst besorgen, das verschiebe nicht auf morgen
não deixe para amanhã o que pode fazer hoje

Esta expressão é recordada por todos, crianças e adultos, graças à sua rima simples. "O que possa arranjar (*besorgen*) hoje, não adie (*verschieben*) para amanhã" é a tradução literal deste sábio conselho, útil para todas as atividades humanas, mas especialmente indicado para aqueles que odeiam pressa.

○ — Ich habe gar keine Lust darauf, heute den Dachboden auszumisten, Mama. Ich mache es lieber am Wochenende.
— Kind, du weißt doch, **was du heute kannst besorgen, das verschiebe nicht auf morgen.**

esforçar-se

sich (tüchtig / mächtig) ins Zeug legen
empenhar-se, trabalhar duro

Zeug ("coisas") significa também "parelha" ou "cabresto" e refere-se ao esforço dos cavalos e dos bois no duro trabalho de arar o campo. A expressão alude a um grande esforço.

○ Toll, Maria, bei deiner Weihnachtsdekoration **hast** du dich aber **mächtig ins Zeug gelegt**!

sich die Ärmel hochkrempeln
arregaçar as mangas, pôr a mão na massa

Nos dois idiomas existe a mesma imagem de arregaçar as mangas da camisa (Ärmel) no sentido de trabalhar, pôr a mão na massa.

○ Ich hoffe, dass **sich** meine Mitarbeiter jetzt endlich richtig **die Ärmel hochkrempeln**, sonst werden wir mit dem Auftrag nie fertig.

sich die Mühe machen, etwas zu tun
dar-se ao trabalho

A formulação desta expressão é quase idêntica nos dois idiomas. *Mühe* significa "esforço", mas, como tal, costuma também ser usado no sentido de "trabalho".

○ Der Verlagschef **hat sich** nicht einmal **die Mühe gemacht**, mein Manuskript durchzulesen, das merkt man an seiner Antwort. Er meinte einfach, das Thema wäre nicht interessant genug.

weder Kosten noch Mühen scheuen um zu...
não medir esforços, não fazer corpo mole

Quando a pessoa "não evita gastos nem esforços" (*scheuen* significa "fugir" ou "não querer enfrentar uma situação desagradável"), dedica-se física e materialmente a encontrar uma solução.

○ Würde es sich bei Nuklearwaffen um ein tödliches Virus handeln, so würden die Nationen weltweit **weder Kosten noch Mühen scheuen**, es auf**zu**halten und aus**zu**rotten.

wo ein Wille ist, ist auch ein Weg
querer é poder

"Onde há vontade (*Wille*) também há um caminho (*Weg*)" alude à importância do esforço próprio para a superação dos obstáculos e dificuldades. Esta expressão é usada para motivar uma pessoa a encarar uma tarefa difícil, não se deixar vencer e acreditar plenamente em suas capacidades.

○ — Ich will in diesem Jahr unbedingt zwanzig Kilo abnehmen.
— Das finde ich super. **Wo ein Wille ist, ist auch ein Weg**.

não trabalhar

auf der faulen Haut liegen
ficar morgando, ficar à toa

"Estar deitado sobre a pele (*Haut*) preguiçosa" ("pele" se refere, provavelmente, à pele de urso ou tigre caçado que se usa em casa como tapete) significa não fazer absolutamente nada, folgar.

○ Ich freue mich schon sehr auf den Urlaub, endlich einmal **auf der faulen Haut liegen** können!

blaumachen
matar o trabalho, faltar, enforcar o serviço

"Fazer azul" é uma expressão com provável origem no *blauer Montag* ("segunda-feira azul") dos artesãos, que significava "dia sem trabalho", pois a segunda era o dia da semana em que folgavam. Seu uso é comum no contexto escolar (e de aulas em geral) assim como no mundo laboral.

○ Was meinst du, Holger, sollen wir morgen die erste Stunde **blaumachen**? Ich habe wirklich gar keine Lust auf Algebra morgen. Der Prof wird es schon nicht merken.

Däumchen drehen
girar os polegares

Quando a pessoa não tem nada para fazer, a única atividade que lhe resta é "girar os polegares (*Daumen*)", que significa estar extremamente entediado.

○ Ich sitze nun schon volle zwei Stunden hier herum und **drehe Däumchen**.

Feierabend machen
por hoje chega

Feierabend! (literalmente, "tarde de festa") é uma expressão comum na Alemanha para indicar o fim do expediente. Em uma loja, por exemplo, será inútil negociar com o vendedor porque ele não nos atenderá fora do horário. Por extensão, é utilizada para dizer que a pessoa terminou suas tarefas por hoje.

○ So, ich **mache** dann einmal **Feierabend**. Bis morgen!

keinen Finger rühren
não mexer um dedo

Expressão que nos dois idiomas significa não ter a intenção de fazer nada e praticar a ociosidade à qual tanto tende o gênero humano depois de ser condenado a ganhar o pão com o suor do rosto.

○ Ich werde im Urlaub wirklich einmal **keinen Finger rühren**, das wird toll!

von Luft und Liebe leben
viver de brisa

"Viver do ar e do amor (*Liebe*)" é uma expressão coloquial jocosa utilizada quando alguém vive sem renda regular, embora nem por isso viva mal ou lhe falte algo.

○ Du musst doch irgendwo arbeiten. Oder **lebst** du etwa **von Luft und Liebe**?

DAS BLAUE VOM HIMMEL

TRATOS E PROMESSAS

promessas

das Blaue vom Himmel (herunter) versprechen
prometer mundos e fundos

"Prometer (*versprechen*) o azul do céu" significa prometer algo impossível, muitas vezes acompanhado de todo tipo de explicação não muito convincente.

- Kinder brauchen Eltern, die ihnen nicht **das Blaue vom Himmel versprechen**, sondern die einfach für sie da sind.

den Mund (zu) voll nehmen
prometer mundos e fundos, ser fanfarrão

A expressão "encher demais a boca (*Mund*)" é utilizada como crítica a quem promete sem ter vontade nem capacidade de cumprir suas promessas. Também é usada para retratar aquele que se gaba constantemente de suas façanhas, vivências e atos extraordinários.

- Der Politiker **hatte den Mund zu voll genommen** und konnte seine Versprechungen nicht einhalten, was ihn das Amt kostete.

jdm das / ein Versprechen abgeben
prometer, fazer uma promessa

Expressão nominal que substitui, com mais formalismo, o significado de *versprechen*, "prometer".

○ Ich musste meinem Vater **das Versprechen abgeben**, dass ich mir nie wieder eine Zigarette anzünden werde.

jdm das / ein Versprechen abnehmen
fazer prometer, fazer jurar

A construção alemã requer uma oração de infinitivo com *zu*: "A pedido da ameaçada, o tribunal pode obrigá-lo a prometer que nunca mais se aproximará dela", afirma o exemplo a seguir.

○ Das Gericht kann ihm auf Antrag der Bedrohten **das Versprechen abnehmen**, sich nie wieder in ihre Nähe **zu** begeben.

tratos

jdn beim Wort nehmen
aceitar uma proposta

Expressão cujo significado é aceitar a proposta ou oferta de outra pessoa de forma quase imediata, de modo que esta não possa voltar atrás no pedido.

○ — Du musst uns unbedingt einmal in unserem Ferienhaus in Italien besuchen kommen!
— Ich **nehme** dich **beim Wort**, schauen wir einmal, ob es nächsten Sommer klappt.

mit jdm quitt sein
estar quite, não dever mais nada

Esta expressão de origem francesa tem dois significados: por um lado, saldar a dívida (financeira ou não) pendente com uma pessoa; por outro, terminar um relacionamento com alguém e não querer mais saber dessa pessoa.

○ Hier hast du die zehn Euro, die du mir geliehen hast, Emma. Jetzt **sind** wir **quitt**.

sein Wort brechen
faltar com a palavra

Em alemão se diz "quebrar a palavra" em uma expressão um pouco mais gráfica do que a quase idêntica em português, ao aludir ao mundo da escrita, como se rasgasse o papel de um contrato.

○ Ich würde nur ungerne **mein Wort brechen**, deshalb gehe ich heute meine Tante im Heim besuchen, ich hatte es ihr schon vor langer Zeit versprochen.

sein Wort halten
cumprir a palavra

Esta locução tem o mesmo sentido nos dois idiomas: "manter ou cumprir uma promessa (*das Versprechen*)" que, como qualquer contrato verbal, baseia-se na confiança de quem a recebe e no compromisso de quem a faz.

○ Auf Jonas kann man sich verlassen, der **hält** sicher **sein Wort** und hilft dir beim Umzug, so wie er es dir versprochen hat.

WEIT UND BREIT

LOCALIZAÇÃO

etwas zur Hand haben
ter algo à mão

Expressão idêntica nos dois idiomas. Recordemos que *zur* é a contração da preposição *zu* (que sempre rege o dativo) mais o artigo definido feminino no dativo, *der*.

○ Warten Sie bitte einen Moment, ich **habe** gerade die Unterlagen nicht **zur Hand**.

in seinen vier Wänden
no aconchego do lar

"Em suas quatro paredes (*Wand*)" é uma expressão que alude afetivamente ao lar, às quatro paredes entre as quais a pessoa se sente protegida do mundo externo.

○ Nach dem Urlaub waren wir alle froh, wieder **in unseren vier Wänden** zu sein.

in Sicht sein
ser iminente

Expressão que se usa quando algo é iminente, pois já está visível ou se espera sua chegada a qualquer momento.

○ Es **ist** noch lange keine Lösung des Konflikts **in Sicht**.

perto

auf Schritt und Tritt
estar sempre por perto

Esta expressão com rima consonante, em que *Schritt* e *Tritt* são sinônimos e significam "ao passo", é usada para se referir a um acompanhante que nunca abandona alguém, que está o tempo todo a seu lado.

○ Mein Hund ist total auf mich fixiert. Egal wo ich hingehe, er folgt mir **auf Schritt und Tritt**.

die Luft ist rein
tudo tranquilo, tudo limpo

"O ar está limpo (*rein*)" significa que não existe nenhum perigo à vista ou que o caminho está livre para realizar alguma atividade sem ser incomodado; por exemplo, para cometer um delito ou uma travessura na escola, ou para entrar no quarto de uma dama enquanto o marido está no futebol.

○ Kommt, Jungs, **die Luft ist rein**! Es ist keiner mehr da, der uns bei dem Streich stören könnte.

durch seine Abwesenheit glänzen
brilhar por sua ausência

Expressão que critica com ironia a falta da virtude que se comenta. Em relação a uma pessoa, indica que a ausência dessa virtude chama desagradavelmente a atenção.

○ Mein Kollege Werner **glänzte** bei der letzten Versammlung mal wieder **durch seine Abwesenheit**.

jdm auf den Fersen sein / bleiben
estar no encalço de alguém, estar quase lá

Imagem acertada, "pisar nos calcanhares de alguém", indica a proximidade do perseguidor com relação ao perseguido. Também é utilizada em sentido figurado para indicar que algo ou alguém está prestes a alcançar a destreza, a técnica ou o conhecimento de outro.

○ 1) Die Polizei **ist** den Dieben schon dicht **auf den Fersen**, bestimmt kann man bald mit einer Festnahme rechnen.

2) Ich war im Büro immer an der Spitze, was die Verkaufszahlen betrifft, aber der neue Juniormanager **ist** mir inzwischen dicht **auf den Fersen**.

Kopf an Kopf
estar pau a pau

Esta expressão, utilizada normalmente em um contexto esportivo, significa que os competidores estão igualados, "cabeça com cabeça (*Kopf*)", e, por extensão, também é utilizada em qualquer âmbito competitivo.

○ Momentan liegen beide Bewerber **Kopf an Kopf**, die endgültige Entscheidung wird erst nächste Woche getroffen werden.

sich rarmachen
dar uma de difícil

Significa "fazer-se raro" (de ver, poderíamos acrescentar); ou seja, não se expor no trato social, ao contrário: prodigalizar pouco em espaços públicos e valorizar-se.

○ Meine Mutter hat mir immer gesagt, ich soll mich Männern gegenüber **rarmachen**, das würde mich für sie interessanter machen.

longe

am Arsch der Welt leben / sein
viver no cu do mundo

"Viver ou estar no cu (*Arsch*) do mundo", expressão hiperbólica e vulgar que destaca a sensação subjetiva de distância de determinado lugar.

○ Wie heißt der Ort noch mal? Du **lebst** ja echt **am Arsch der Welt**!

in der Pampa
onde Judas perdeu as botas

A pampa é um lugar remoto sob a perspectiva europeia. Esta expressão é equivalente à locução anterior: *Am Arsch der Welt leben/sein*.

○ Vor kurzem habe ich Anne und ihre Familie besucht, die leben wirklich **in der Pampa** ...

(längst) über alle Berge sein
já estar longe

"Estar faz tempo além de todas as montanhas (*Berge*)" significa já estar muito longe. Esta locução costuma ser utilizada para se referir à fuga de um bandido ou para indicar que ele escapou e se safou da ação punitiva da lei.

○ Bis die Polizei überhaupt erst am Tatort ankam, **waren** die Täter schon **längst über alle Berge**.

weit und breit
até onde a vista alcança

"Ao longe e ao largo" é uma expressão usada para se referir a tudo que a vista alcança, até o horizonte.

○ Auf der einsamen Straße war **weit und breit** kein Auto zu sehen.

RUCK, ZUCK

VELOCIDADE

lentidão

auf Schusters Rappen
a pé

"Sobre os cavalos (*Rappe* é, na realidade, um cavalo preto) do sapateiro (*Schuster*)" é uma expressão jocosa para indicar que não há outro meio de locomoção que não as próprias pernas: um pouquinho a pé e outro pouquinho andando.

○ Mein Auto sprang nicht mehr an, also musste ich **auf Schusters Rappen** zur Arbeit.

der Reihe nach
um atrás do outro, em fila

Reihe é a fila, e a expressão "conforme a fila" é usada para pedir que se respeite a ordem de chegada.

○ Stopp, bitte nicht alle auf einmal reden, sondern schön **der Reihe nach**.

eine alte Frau / ein alter Mann ist doch kein D-Zug
estar velho, estar cansado

Literalmente, seria traduzida como "um velho não é nenhum trem expresso", e certamente uma pessoa de idade avançada não é nenhuma máquina.

○ Jetzt mach mal langsam Kind, ich komme ja fast nicht hinterher! **Eine alte Frau ist doch kein D-Zug**!

langsam, aber sicher
devagar e sempre; antes tarde do que nunca

Esta expressão, similar nos dois idiomas, alude a uma ação que não se desenrolará com rapidez, mas que vai acontecer; ou seja, é certa. Trata-se de uma fórmula similar à de

Goethe: *Wie das Gestirn, ohne Hast aber ohne Rast* (como o firmamento, sem pressa, mas sem pausa).

○ Einige Experten meinen, dass der Euro **langsam, aber sicher** seinem Ende zugeht.

nach und nach
pouco a pouco

Expressão adverbial que indica que algo é realizado paulatinamente.

○ Dank seiner Therapie hat er sich **nach und nach** wieder unter die Leute getraut.

(im) Schneckentempo
a passo de tartaruga

O alemão prefere o caracol, *Schnecke*, para representar a lentidão, ao passo que o português fica com a tartaruga (*Schildkröte*). O que ambos têm em comum é a couraça.

○ Meine Oma sollte lieber nicht mehr Auto fahren, sie fährt **in** so einem **Schneckentempo**, dass alle hupen.

rapidez

auf Trab kommen
depressa, a todo vapor

jdn / etwas auf Trab bringen
apressar alguém, incentivar

auf Trab halten
manter alguém ocupado

Eis três expressões coloquiais que tem a velocidade como denominador comum. *Trab* é o trote do cavalo. O "vapor" da expressão em português tem a ver com a antiga força de propulsão dos navios.

○ 1) Da der Aktienwert nach dem Tief im März stark gestiegen ist, müsste auch bald das Wirtschaftswachstum wieder **auf Trab kommen**.
2) Die Stadtverwaltung hat mit ihren neuen Maßnahmen den Tourismus **auf Trab gebracht**.
3) Meine Kinder **halten** mich momentan ganz schön **auf Trab**, sie geben keinen Moment Ruhe!

die / beide Beine in die Hand nehmen
sair em disparada, sair correndo

Expressão coloquial que significa, literalmente, "pegar as duas pernas com as mãos", o que parece uma contradição.

○ Wenn du deinen Zug noch bekommen möchtest, solltest du jetzt aber wirklich **beide Beine in die Hand nehmen**!

einen Zahn zulegen
meter o pé, acelerar, apressar-se

Em certos momentos da vida precisamos acelerar para concluir uma tarefa. O *Zahn* ("dente") da expressão alemã refere-se ao acionamento manual do combustível nos carros antigos, com uma alavanca dentada.

○ **Leg** mal **einen Zahn zu**, sonst werden wir ja nie fertig mit der Arbeit.

es ist (aller)höchste Eisenbahn
a toda velocidade

Expressão coloquial debochada que substitui *Zeit* ("tempo"), na frase *es ist höchste Zeit* ("já é hora"), por *Eisenbahn* ("estrada de ferro") para indicar que é preciso se apressar.

○ So, jetzt **ist es** aber **allerhöchste Eisenbahn**, Kinder, ihr solltet schon längst auf dem Weg zur Schule sein!

Gas geben
pisar no acelerador, enfiar o pé

Expressão usada quando se quer pressionar uma pessoa ou um grupo a aumentar o ritmo de um processo ou a se envolver mais em determinada ação.

○ Wir müssen ein bisschen **Gas geben**, wenn wir morgen mit der Arbeit fertig sein wollen.

Hals über Kopf
atropeladamente

Literalmente é "pescoço sobre cabeça". Tem o sentido de máxima rapidez, de algo repentino, sem reflexão nem preparação.

- Der Beginn unserer Beziehung war wie im Film: Wir haben uns einfach **Hals über Kopf** ineinander verliebt.

im Affenzahn fahren, im Affenzahn etwas tun
acelerado, depressa

É uma expressão coloquial. *Affenzahn* significa literalmente "dente de macaco". As expressões com *Affen*, *Affentempo* e *Affengeschwindigkeit* associam-se a uma velocidade estonteante, talvez porque se refiram às reações rápidas dos macacos.

- Die Lehrerin ratterte **in so einem Affenzahn** die Formeln herunter, dass nicht einmal die besten Schüler mitkamen.

im D-Zug-Tempo
a toda velocidade

D-Zug, ou *Schnellzug*, é o antigo trem expresso que no século XX adquiriu merecida fama e passou a caracterizar ritmo e velocidade elevados.

- Wir bitten unsere Gäste um Geduld, wenn unsere Bedienungen einmal nicht **im D-Zug-Tempo** servieren können.

im Handumdrehen
em um piscar de olhos

"Em um girar de mão"; ou seja, com rapidez realmente surpreendente.

- Martin hatte alle vier Gänge des Menüs **im Handumdrehen** vorbereitet, er ist ein toller Küchenchef.

in Gang kommen
mexer-se, pôr-se em movimento

Esta expressão costuma ser utilizada para indicar que se retoma uma atividade depois de uma pausa. Recordemos que *Gang* significa também a "marcha" ou a velocidade de um veículo.

- Nach dem Aufstehen braucht mein Kreislauf meist etwas Zeit, bis er **in Gang kommt**.

jdm Beine machen
mandar embora

"Fazer pernas (*Beine*) a alguém" é uma expressão coloquial com duplo significado: mandar alguém embora de um lugar ou apressá-lo. Também pode ser usada para pressionar alguém a agir com mais eficiência, por exemplo, um chefe a seus funcionários.

○ Morgens müssen Eltern ihren Kindern oft **Beine machen**, sonst kämen sie zu spät in die Schule.

ruck, zuck
em um piscar de olhos, pá-pum, vapt-vupt

Ruck significa "empurrão" e *Zuck*, "contração". A força expressiva desta expressão está na alteração dos sons, como as batidas seguidas de um tambor, com início e fim consecutivos.

○ — Ich würde gerne einmal Gulasch kochen, aber ich glaube, das ist nicht einfach.
— Komm, ich helfe dir, das ist doch im Schnellkochtopf **ruck, zuck** gemacht.

Schritt halten mit jdm
acompanhar o ritmo de alguém

"Manter o passo (*Schritt*) com alguém" significa avançar na mesma velocidade que o outro, sem que isso signifique perder posições em relação ao progresso de outra pessoa. Usa-se especialmente para falar do desenvolvimento profissional ou tecnológico.

○ Als der Fußballspieler einsah, dass er nicht mehr **mit** den Jüngeren **Schritt halten** konnte, verließ er den Verein.

wie aus der Pistole geschossen
de supetão, inopinadamente

"Como disparado por uma pistola (*Pistole*)" significa dizer algo rapidamente, sem hesitar nem um instante.

○ Der Kandidat in der Fernsehshow antwortete auf alle Fragen zum Sport **wie aus der Pistole geschossen**.

HAND AUFS HERZ

VERDADE OU MENTIRA

verdade

etwas für bare Münze nehmen
levar algo ao pé da letra, levar a sério

"Tomar algo por moeda legal (*bar*)" significa acreditar em uma mentira ou em uma meia-verdade. Também significa levar a sério uma afirmação quando, na realidade, tratava de uma brincadeira.

○ Anne, du darfst Michaels Kommentare zu deinem Aussehen doch **nicht für bare Münze nehmen**, er will dich doch nur ärgern!

Farbe bekennen
tirar a máscara, pôr as cartas na mesa

"Confessar ou declarar (*bekennen*) a cor" incita a expressar abertamente a opinião e o credo pessoal. A expressão provém dos jogos de baralho nos quais se é obrigado a jogar uma carta do mesmo naipe ou cor (*Farbe*).

○ Ich finde, du solltest endlich einmal **Farbe bekennen** und offen sagen, auf wessen Seite du bist!

Hand aufs Herz
de coração aberto

Com esta expressão solicita-se a máxima sinceridade em uma declaração ou na resposta a uma pergunta. Parece que sua origem remonta ao antigo gesto de levar a mão ao coração antes de prestar um juramento.

○ Aber – **Hand aufs Herz** – was würden uns die tollste Ware und die modernsten Filialen nutzen, wenn wir nicht so tolle Mitarbeiter hätten?

jdm die Augen öffnen
abrir os olhos de alguém

Expressão idêntica nos dois idiomas, cujo significado é fazer alguém ver como algo é desagradável na realidade.

○ Jetzt weiß ich endlich, was Andrea für ein Biest ist, du **hast** mir **die Augen geöffnet**!

jdm reinen Wein einschenken
falar às claras, sem rodeios

"Servir vinho (*Wein*) puro a alguém" significa contar a verdade inteira, sem meias-palavras, mesmo que ela seja dolorosa. A expressão alude, provavelmente, e de maneira indireta, ao antigo costume dos taberneiros de pôr água no vinho.

○ Ich finde, du solltest deiner Frau **reinen Wein einschenken** und ihr von deinem Seitensprung erzählen, Anton!

jds Ernst sein
está falando sério?, está brincando?

Utilizada geralmente no negativo em alemão, esta locução dá a entender que o interlocutor não acredita em uma notícia verdadeira por causa de seu elevado grau de surpresa.

○ Das **ist** doch nicht **dein Ernst**! Du hast diesen tollen Job gekündigt?

offen gesagt
para ser sincero, para ser franco

"Dito abertamente (*offen*)" avisa que o que será dito a seguir (ou o que se acabou de afirmar) não terá as limitações impostas pelo decoro.

○ Es tut mir ja wirklich leid, dass Susanne und Martin sich getrennt haben, aber, **offen gesagt**, ich konnte ihn noch nie gut leiden.

wirklich und wahrhaftig
verdade verdadeira

Como ocorre em tantas outras fórmulas discursivas, o efeito persuasivo e convincente da expressão "real e verdadeiramente (*wahrhaftig*)" baseia-se na repetição e na aliteração. Alguns podem interpretar a equiparação do real (*wirklich*) ao verdadeiro como uma redundância, mas é isso que dá sentido a esta figura retórica, em que a força expressiva se sobrepõe ao conteúdo.

○ Ich kann es noch gar nicht glauben, ich war **wirklich und wahrhaftig** im Backstage-Bereich beim U2-Konzert! Es war einfach toll!

mentira

aus der Luft gegriffen sein
ser pura invenção

"Tirar algo do ar (*Luft*)" é uma expressão que indica que uma afirmação é falsa e infundada ou que é simplesmente absurda.

○ Ich verstehe wirklich nicht, warum im Dorf alle sagen, dass meine Ehe kaputt ist, das **ist** absolut **aus der Luft gegriffen**.

das Blaue vom Himmel (herunter) lügen
mentir demais

"Mentir (*lügen*) o azul do céu abaixo" indica hiperbolicamente que uma pessoa mente de propósito e permanece imperturbável.

○ Meine Freundin sagt, dass mein Freund **das Blaue vom Himmel lügt**, aber ich kann mir das nicht vorstellen.

diese Sache / das stinkt (gewaltig)!
cheirar a enganação, a mentira

Expressão próxima da anterior na medida em que a suspeita de algo fraudulento ou negativo já é praticamente uma constatação.

○ Irgendwie glaube ich das mit dem angeblichen Sexskandal von meinem Chef nicht, **die** ganze **Sache stinkt doch gewaltig**!

erstunken und erlogen sein
grande mentira

Expressão coloquial que acusa com desprezo a falsidade de uma asseveração.

○ — Angeblich haben Annas Eltern ein Luxushaus in den Alpen.
— Ich glaube ihr das nicht, das **ist** doch bestimmt nur **erstunken und erlogen**.

etwas stinkt zum Himmel
mentira deslavada

Quando o alemão diz que "algo fede até o céu", deseja intensificar o absurdo de uma mentira contada cujo descaramento chega até as nuvens.

○ Ich bin mir sicher, dass Hannes gestern Abend in Wirklichkeit bei einer anderen war, seine Ausrede **stinkt** wirklich **zum Himmel**!

lügen wie gedruckt
mentir descaradamente

É sabido que devemos filtrar as "verdades" difundidas pela mídia, que com frequência não correspondem à verdade dos fatos. "Mentir (*lügen*) como a letra impressa" é uma expressão coloquial que significa mentir descaradamente.

○ — Anna behauptet, dass ich der Vater von ihrem Baby wäre, aber das kann gar nicht sein!
— Ich glaube dir, Anna **lügt** doch **wie gedruckt**.

lügen, dass sich die Balken biegen
mentir demais

Literalmente, a expressão afirma: "mentir a ponto de dobrar as vigas".

○ Rainer würde ich auf keinen Fall mehr glauben, der **lügt** doch, **dass sich die Balken biegen**!

ÍNDICE ALFABÉTICO

A
aber sonst geht's dir gut! 97
ab und an 106
ab und zu 106
Aftersausen / Muffensausen bekommen / kriegen 150
alle / beide Hände voll zu tun haben 250
allen Ernstes 233
aller Anfang ist schwer 70
alles abklappern 228
alles auf eine Karte setzen 14
alles hat ein Ende, nur die Wurst hat zwei 73
alles in Butter 158
alle(s) in einen Topf werfen 136
alles oder nichts 124
alles paletti! 158
alles, was das Herz begehrt 42
alle viere von sich strecken 78
alter Schwede! 204, 233
am Arsch der Welt leben / sein 262
am Ball bleiben 228
am gleichen Strang ziehen 129

am kürzeren Hebel sitzen 183
am längeren Hebel sitzen 184
am laufenden Band 106
am seidenen Faden hängen 16
andere Saiten aufziehen 140
an der Zeit sein 100
an jds Lippen hängen 55
ans Eingemachte gehen 124
ans Tageslicht / Licht kommen 122
arbeiten wie ein Pferd / Ochse 250
Art und Weise 140
auch nur mit Wasser kochen 136
auf Achse sein 77
auf alle Fälle 124
auf Anhieb 237
auf Biegen und Brechen 14
auf dem Holzweg sein 245
auf dem Schlauch stehen 221
auf dem Spiel stehen 16
auf dem Teppich bleiben 175

auf dem Trockenen sitzen 51, 64, 109
auf den Geschmack kommen 144
auf den letzten Drücker 101
auf den Magen schlagen 224
auf den Putz hauen 159
auf den Strich gehen 213
auf der faulen Haut liegen 254
auf der Hut sein 17
auf der Leitung stehen 221
auf die leichte Schulter nehmen 127
auf die Minute pünktlich sein 101
auf die schiefe Bahn kommen / geraten 26
auf Draht sein 131
auf eigene Faust 129
auf eigenen Füßen / Beinen stehen 65
auf einen Sprung vorbeikommen 123
auf einer / derselben / der gleichen Wellenlänge sein / liegen 204
auf etwas Gift nehmen können 217

auf ex 52
auf geht's! 70
aufgeschoben ist nicht aufgehoben 89
auf Granit beißen 97
auf großem Fuß(e) leben 92
auf gut Glück 237
auf jdn / etwas pfeifen 87
auf jdn scharf sein 213
auf jeden Fall 124
auf keinen Fall 195
auf los geht's los! 70
auf Nummer sicher gehen 17
auf Schritt und Tritt 260
auf Schusters Rappen 263
aufs falsche Pferd setzen 33
aufs Ganze gehen 15
auf taube Ohren stoßen 97
auf Teufel komm raus 14
auf Trab halten 264
auf Trab kommen 264
auf Zack sein 131
aus allen Nähten platzen 18, 42
aus allen Wolken fallen 235
aus dem Bauch heraus 141
aus dem Gröbsten heraus sein 190
aus dem Häuschen sein 159
aus dem Kopf 172
aus dem Schneider sein 190
aus den Augen, aus dem Sinn 170
aus den Federn 102
aus der Luft gegriffen sein 270
aus der Reihe tanzen 138
aus etwas / jdm nicht klug werden 58
aus etwas / jdm nicht schlau werden 58
aus gleichem / dem gleichen Holz geschnitzt sein 137
aus / nach Leibeskräften 42
außer Atem / Puste kommen 230
außer Rand und Band 37

B
(bei jdm) an der falschen Adresse sein 211
bei jdm einen Stein im Brett haben 205
bei jdm klingelt es 57
bei Wind und Wetter 249
bergab gehen 224
bergauf gehen 224
Berge versetzen (können) 77
bis dann! 227
bis dato 103
bis in die Puppen 103
bis oben hin voll sein 52
blank sein 64
blaumachen 254
blau sein 52

D
da geht die Post ab 159
da hast du den Salat! / da haben wir den Salat! 80
da ist Hopfen und Malz verloren 33
da kräht kein Hahn (mehr) danach 127
Dampf ablassen 38
darüber ist längst Gras gewachsen 170
das A und O 125
das beste Pferd im Stall sein 30
das Bett hüten (müssen) 225
das Blatt wendet sich 237
das Blaue vom Himmel (herunter) lügen 270
das Blaue vom Himmel (herunter) versprechen 256
das Ende vom Lied 60
das Fass ist voll 87
das fünfte Rad am Wagen sein 205
das Geld zum Fenster hinaus werfen / hinaus schmeißen 62

das gibt es doch (gar) nicht! 235
das große Los gezogen haben 238
das Handtuch werfen 230
das Herz am rechten Fleck haben 24
das Herz bis zum Hals klopfen / schlagen 38
das Herz in die Hose rutschen 150
das Herz lacht 159
das ist (doch) die Höhe! 80
das ist (ja) der Hammer! 235
das ist ja (wirklich) allerhand! 236
das ist leichter gesagt als getan 109
das ist mir zu hoch 58
das kann / darf (doch) nicht wahr sein! 233
das kann ich dir sagen! 95
das kann jeder sagen! 98
das kannst du dir abschminken 179
das kannst du laut sagen! 95
das könnte jdm so passen 195
das Leben in vollen Zügen genießen 92
das letzte Wort ist noch nicht gesprochen 229
das Pferd beim Schwanz / von hinten aufzäumen 71
das Sagen haben 185
das sagst du! 98
das Schlusslicht sein 33
das wäre ja noch schöner! 98
das Zeitliche segnen 155
das Zeug zu etwas haben 30
Däumchen drehen 255
dein Wort in Gottes Ohr! 165
dem Tod von der Schippe springen 156
den Braten riechen 219
den Dreh heraushaben 31
den Faden verlieren 117
den Kopf hängen lassen 162
den Kopf in den Sand stecken 151
den Kürzeren ziehen 183
den Löffel abgeben 156
den Mund halten 118
den Mund (zu) voll nehmen 256
den Nagel auf den Kopf treffen 243
den richtigen Riecher für etwas haben 30
den Schwanz einziehen 151
den Spieß umdrehen 174
den Stein ins Rollen bringen 71
den Teufel an die Wand malen 219
den Teufel werde ich tun und 98
den Ton angeben 185
den Vogel abschießen 42
den Wald vor lauter Bäumen nicht sehen 58
der Anfang vom Ende 73
der Groschen ist bei jdm gefallen 57
der Haussegen hängt schief 209
der Reihe nach 263
der springende Punkt 125
der Teufel ist los 37
die Arschkarte ziehen 241
die / beide Beine in die Hand nehmen 265
die erste Geige spielen 185
die Finger von etwas lassen 17
die Fliege machen 120
die Flinte ins Korn werfen 231
die Flöhe husten hören 55
die Grenzen überschreiten 195
die Hand / seine Hände im Spiel haben 187
die Hoffnung aufgeben 165

die Hoffnung stirbt zuletzt 165
die Katze aus dem Sack lassen 111
die Kirche im Dorf lassen 35
die Luft ist raus 78
die Luft ist rein 260
die Nase läuft 225
die Nase (über etwas) rümpfen 148
die Nase voll haben 87
die Nase vorn haben 185
die Nerven verlieren 38
die Ohren spitzen 55
die Ohren steifhalten 67
die Pferde scheu machen 151
die Probe aufs Exempel machen 12
die Puste geht jdm aus 231
die Qual der Wahl haben 66
die Rede sein von 111
die Sau rauslassen 159
die Schnauze voll haben 87
die Schulbank drücken 11
die Schuld an etwas tragen 215
diese Sache / das stinkt (gewaltig)! 270
die Sonne lacht 249
dies und jenes 138
die Suppe wieder auslöffeln 190

die Uhr danach stellen können 101
die Zähne zusammenbeißen 152
die Zeit totschlagen 89
drei Kreuze machen 166
drunter und drüber gehen 37
du gibst jdm den kleinen Finger, und er nimmt die ganze Hand 26
dumm aus der Wäsche gucken / schauen 135
durch seine Abwesenheit glänzen 260

E

eher schlecht als recht 48
Eigenlob stinkt 175
ein alter Hase (sein) 217
ein Auge auf jdn werfen 206
ein Auge / beide Augen zudrücken 173
ein Bild für die Götter 198
ein Brett vor dem Kopf haben 135
ein dickes Fell haben 35
eine Abreibung bekommen 83
eine alte Frau / ein alter Mann ist doch kein D-Zug 263
eine alte Rechnung begleichen 174
eine / die zündende Idee

haben 172
eine Flasche köpfen 52
eine graue Maus sein 19
eine gute Nase für etwas haben 31
eine Hand wäscht die andere 21
eine harte Nuss zu knacken haben 109
eine (heiße) Nummer schieben / machen 213
eine Macke haben 132
einem geschenkten Gaul schaut man nicht ins Maul 141
eine Mütze voll Schlaf 78
einen Besen fressen 218
einen Frosch im Hals haben 112
einen guten Riecher für etwas haben 30
einen Kater haben 53
einen Keil zwischen jdn (und jdn) treiben 209
einen Korb bekommen 212
einen kühlen / klaren Kopf bewahren 35
einen Narren an jdm gefressen haben 205
einen Plan schmieden 179
einen Rückzieher machen 231
einen Schlusspunkt unter / hinter etwas setzen 73

einen Schlussstrich
  unter etwas ziehen 74
einen sitzen haben 53
eine Null sein 34
einen Vogel haben 133
einen Zahn zulegen 265
eine Pfeife sein 34
eine Runde
  schmeißen 53
eine Schlaftablette
  sein 175
eine Schraube locker
  haben 133
eine spitze / scharfe
  Zunge haben 176
eine Stange Geld
  kosten 61
eine treulose Tomate
  sein 26
eine Zicke sein 27
ein für alle Mal 104
ein Gedächtnis wie ein
  Sieb haben 171
ein Gedicht sein 48
ein Gesicht wie sieben
  Tage Regenwetter
  machen 162
ein Glückspilz sein 238
ein Häufchen Unglück /
  Elend 162
ein heißer Ofen 18
ein Herz und eine Seele
  sein 205
ein langes Gesicht
  machen 162
ein Lied davon singen
  können 217
ein Machtwort
  sprechen 186

ein Mauerblümchen
  sein 18
ein offenes Ohr für jdn
  haben 56
ein Pechvogel sein 241
ein Praktikum
  absolvieren 11
ein Schlag ins Wasser
  sein 245
ein toller Hecht
  (sein) 207
ein toter Punkt 231
ein Unglück kommt
  selten allein 241
ein Vermögen kosten 61
ein Wörtchen mitzure-
  den haben 111
ein wunder Punkt 192
Ende gut, alles gut 74
erst die Arbeit, dann das
  Vergnügen 251
erste Sahne sein 48
erst recht 43
erstunken und erlogen
  sein 271
erwerbstätig sein 251
es faustdick hinter den
  Ohren haben 27
es geht um die
  Wurst 125
es geht um Kopf und
  Kragen 125
es gibt kein Zurück
  (mehr) 229
es ist (aller)höchste
  Eisenbahn 265
es ist / herrscht
  gähnende Leere 45
es ist nicht alles Gold,

was glänzt 201
es ist noch nicht aller
  Tage Abend 74
es kurz machen 104
es mit jdm treiben 214
es regnet / gießt /
  schüttet wie aus
  Kübeln 249
es regnet in
  Strömen 249
es sich gemütlich
  machen 36
es sich gut gehen
  lassen 93
es sich schmecken
  lassen 50
es war einmal ... 71
etwas an den Nagel
  hängen 74
etwas an die große
  Glocke hängen 112
etwas auf dem Herzen
  haben 192
etwas auf die Beine
  stellen 71
etwas auf seine Kappe
  nehmen 215
etwas aufs Spiel
  setzen 15
etwas auf Vordermann
  bringen 141
etwas aus dem Verkehr
  ziehen 75
etwas außer Acht
  lassen 128
(etwas) durch die
  Blume sagen 112
(etwas) egal sein 146
etwas für bare Münze

nehmen 268
etwas geht jdm gegen den Strich 148
etwas geht zum einen Ohr hinein und zum anderen (wieder) hinaus 128
etwas (genau) unter die Lupe nehmen 13
etwas hat einen Haken 109
etwas im Auge behalten 182
etwas im Auge haben 179
etwas im Gefühl haben 219
etwas im Griff haben 182
etwas im Keim ersticken 232
etwas im Schilde führen 180
etwas in Arbeit geben 251
etwas in den Sand setzen 245
etwas in die falsche Kehle / in den falschen Hals kriegen / bekommen 58
etwas in die Tat umsetzen 181
etwas in Kauf nehmen 197
etwas ist für die Katz 245
etwas ist nicht mit Gold zu bezahlen 144

etwas / jdn durch den Kakao ziehen 200
etwas leid sein 87
etwas liegt in der Luft 123
etwas (nicht) auf die Reihe kriegen / bringen / bekommen 243
etwas nicht übers Herz bringen 69
etwas parat haben 71
etwas sausen lassen 232
etwas steht auf des Messers Schneide 16
etwas steif und fest behaupten 218
etwas stinkt zum Himmel 271
etwas (wieder) ins Lot bringen 191
etwas will gelernt sein 12
etwas zu den Akten legen 75
etwas zum Besten geben 160
etwas zur Hand haben 259

F

Farbe bekennen 268
(fast) sterben vor Lachen 198
Feierabend machen 255
fertig werden 214
Feuer fangen 144
fick dich! 81

fix und fertig 72, 79
fix und foxi 79
frischer Wind 49
früher oder später 101
für etwas / jdn Feuer und Flamme (sein) 145
für jdn ein gutes Wort einlegen 21
(für jdn) ein Kinderspiel sein 108
für nichts und wieder nichts 246
Fuß fassen 243

G

gang und gäbe 106
ganz Ohr sein 56
ganz und gar 46
Gas geben 265
gegen den Strom schwimmen 139
Geld wie Heu haben 65
gern geschehen 167
Gespenster sehen 220
Gift sein für jdn 225
gleiches Recht für alle 137
Gleich und Gleich gesellt sich gern 137
Glück im Unglück 238
Gnade vor Recht ergehen lassen 173
Götz von Berlichingen 81
(große) Augen machen 235
große Töne spucken 176

gut Ding braucht
  Weile 89
gut Ding will Weile
  haben 89
guter Dinge sein 160

H
Haare auf den Zähnen
  haben 176
haargenau wie etwas
  sein 137
Hahn im Korb
  (sein) 160
Hals über Kopf 266
Halt die Fresse! 118
Halt's Maul! 118
Hand aufs Herz 268
Hand in Hand
  arbeiten 129
Hand und Fuß
  haben 169
hart auf hart kommen /
  gehen 163
Hau(t) rein! 50
heimlich, still und
  leise 141
heiß begehrt sein 145
heulen wie ein
  Schlosshund 163
Himmel und Hölle in
  Bewegung setzen 78
hin oder her 41
hinten und vorn 46
hinter dem Mond
  leben 176
hinter verschlossenen
  Türen 142
hin und weg sein
  von 145
hin und wieder dann
  und wann 106
Hummeln im Hintern /
  Arsch haben 39
Hunde, die bellen,
  beißen nicht 177

I
ich denk, mich tritt ein
  Pferd 234
(ich glaube,) mich laust
  der Affe! 234
im Adamskostüm 19
im Affenzahn etwas
  tun 266
im Affenzahn
  fahren 266
im Anmarsch sein 123
im Dunkeln tappen 221
im D-Zug-Tempo 266
im Eimer sein 49
im falschen Film sein /
  sitzen 163
im Geld schwimmen 65
im Großen und
  Ganzen 60
im Handumdrehen 266
im letzten
  Augenblick 102
immer das letzte Wort
  haben 112
immer der Nase
  nach 120
immer/nur herein in die
  gute Stube! 226
(im) Schnecken-
  tempo 264
im selben Boot
  sitzen 130
im siebten Himmel
  (sein) 207
im Wein liegt die
  Wahrheit 53
in Betrieb sein 251
in den besten
  Jahren 154
in den Keller fallen 45
in den Kinderschuhen
  stecken 72
in den sauren Apfel
  beißen 197
in den Tag hinein
  leben 93
in der Blüte des / jds
  Lebens 155
in der Klemme / Patsche
  / Tinte sitzen 192
in der Pampa 262
in die Augen
  springen 126
in einer Tour 107
in eine Sackgasse
  geraten 193
in Erfüllung gehen 181
in erster Linie 126
in etwas ist der Wurm
  drin 246
in festen Händen
  sein 207
in Folge 107
in Gang kommen 266
in guten Händen
  sein 24
in Hülle und Fülle 43
in letzter Minute 102
in letzter Zeit 104

ins Auge gehen 246
ins Auge springen 126
in Saus und Braus
  leben 93
ins Blaue (hinein) 142
in seinem Element
  sein 160
in seinen vier
  Wänden 259
ins Fettnäpfchen / in den
  Fettnapf treten 246
ins Geld gehen 61
ins Gras beißen 156
in Sicht sein 259
ins Schwarze
  treffen 244
ins Wasser fallen 90
in Teufels Küche
  kommen 193
in Vergessenheit
  geraten 171

J

jdm an die Gurgel springen / fahren / gehen 81
jdm auf den Fersen sein
  / bleiben 261
jdm auf den Geist
  gehen 88
jdm auf den Keks
  gehen 88
jdm auf den Leim
  gehen 201
jdm auf den Schlips
  treten 28
jdm auf den Zahn
  fühlen 113
jdm auf der Tasche
  liegen 62
jdm auf die Finger
  sehen 182
jdm auf die Schliche
  kommen 201
jdm aus der Seele
  sprechen 95
jdm Beine machen 267
jdm bleibt die Spucke
  weg 235
jdm Dampf machen 187
jdm das / ein Versprechen abgeben 256
jdm das / ein Versprechen abnehmen 257
jdm das Geld aus der
  Tasche ziehen 63
jdm das Handwerk
  legen 27
jdm das Wort aus dem
  Mund(e) nehmen 117
jdm das Wort im
  Munde herumdrehen /
  verdrehen 59
jdm den Garaus
  machen 157
jdm den Kopf
  verdrehen 207
jdm den Laufpass
  geben 212
jdm die Augen
  öffnen 269
jdm die Daumen drücken / halten 238
jdm die kalte Schulter
  zeigen 28
jdm die Kartoffeln /
  Kastanien aus dem
  Feuer holen 21
jdm die letzte Ehre
  erweisen 157
jdm die Meinung
  geigen 84
jdm die Ohren / Löffel
  lang ziehen 84
jdm die Pistole auf die
  Brust setzen 187
jdm die Schuld in die
  Schuhe schieben 216
jdm die Zähne
  zeigen 196
jdm ein Bein stellen 22
jdm ein Dorn im Auge
  sein 148
jdm einen Bären
  aufbinden 202
jdm einen Denkzettel
  verpassen 174
jdm einen Floh ins Ohr
  setzen 188
jdm einen Korb
  geben 212
jdm einen Streich
  spielen 200
jdm einen Strich
  durch die Rechnung
  machen 22
jdm einen Vogel
  zeigen 133
jdm einen Wink mit dem
  Zaunpfahl geben 113
jdm eine Standpauke
  halten 84
jdm ein Stein vom
  Herzen fallen 166
jdm etwas auf den
  Kopf zusagen 216

jdm etwas nicht
  abnehmen 99
jdm etwas unter die
  Nase reiben 216
jdm etwas
  unterjubeln 202
jdm etwas vor der Nase
  wegschnappen 28
jdm Feuer unterm Arsch
  machen 188
jdm Feuer unterm
  Hintern machen 188
jdm geht ein Licht
  auf 57
jdm geht etwas am
  Arsch vorbei 146
jdm Hals- und Beinbruch
  wünschen 239
jdm Honig um den
  Mund schmieren 188
jdm in den Ohren
  liegen 189
jdm in die Rede
  fallen 117
jdm ins Handwerk
  pfuschen 23
jdm ins Wort fallen 117
jdm ist eine Laus über
  die Leber gelaufen 86
jdm jeden Wunsch von
  den Augen ablesen 24
jdm jedes Wort
  (einzeln) aus der Nase
  ziehen 113
jdm kein Haar krümmen
  (können) 25
jdm Kopfschmerzen
  machen / bereiten, jdm
  Kopfzerbrechen
  machen / bereiten 193
jdm lacht das Herz im
  Leibe 159
jdm läuft das Wasser im
  Mund(e) zusammen 50
jdm nicht in den Kram
  passen 149
jdm raucht / qualmt der
  Kopf / der Schädel 79
jdm Rede (und Antwort)
  stehen 113
jdm reinen Wein
  einschenken 269
jdm reißt der
  Geduldsfaden 88
jdm (richtig) den Kopf
  waschen 83
jdm schlaflose Nächte
  bereiten 193
jdm schlägt etwas aufs
  Gemüt 163
jdm sein Herz
  ausschütten 194
jdm spanisch
  vorkommen 59
jdm über den Mund
  fahren 118
jdm unter die Arme
  greifen 22
jdm unter die Haut
  gehen 69
jdm wächst etwas über
  den Kopf 194
jdm wie aus dem
  Gesicht geschnitten
  sein 19
jdm Wurst sein 147
jdm zu nahe treten 28
jdm zur Last fallen 23
jdn abblitzen lassen 213
jdn am Abend besuchen
  können 81
jdn am Arsch lecken
  können 81
jdn an der Nase
  herumführen 202
jdn auf den Arm
  nehmen 200
jdn auf den / zum Mond
  schießen können 82
jdn auf die Folter
  spannen 39
jdn auf die Palme
  bringen 82
jdn auf Händen
  tragen 25
jdn auf Herz und Nieren
  prüfen 13
jdn aus dem Konzept
  bringen 28
jdn aus den Augen
  verlieren 209
jdn beim Wort
  nehmen 257
jdn bringen keine zehn
  Pferde dazu, etwas zu
  tun 149
jdn / etwas auf Trab
  bringen 264
jdn / etwas in Mitleiden-
  schaft ziehen 23
jdn hinters Licht
  führen 202
jdn im Stich lassen 28
jdn in den Bann
  ziehen 145
jdn in Schach
  halten 182

jdn ins Herz
  schließen 205
jdn ins Kreuzverhör
  nehmen 114
jdn in Watte packen 25
jdn mal können 82
jdn mit offenem Mund
  stehenlassen 236
jdn nicht riechen
  können 210
jdn sausen lassen 91
jdn schmoren lassen 91
jdn / sich über Wasser
  halten 64
jdn übers Ohr
  hauen 203
jdn um den Finger
  wickeln (können) 189
jdn unter seine Fittiche
  nehmen 25
jdn vor den Kopf
  stoßen 29
jdn zappeln lassen 91
jdn zum Narren
  halten 201
jdn zur Rechenschaft
  ziehen 216
jdn zur Rede stellen 114
jdn zur Sau machen 85
jdn zur Schnecke
  machen 85
jds Augen sind größer
  als der Magen 51
jds Ein und Alles
  sein 208
jds Ernst sein 269
jds Uhr ist
  abgelaufen 157
jedem das Seine 139
jede Wette 218

K
kalte Füße
  bekommen 151
kein Blatt vor den Mund
  nehmen 177
keine Ahnung
  (haben) 221
keine Miene
  verziehen 36
keinen (blassen)
  Schimmer von etwas
  haben 222
keinen Finger
  rühren 255
keinen Pfifferling wert
  sein 62
keiner Fliege etwas zu
  Leide tun (können) 177
kein erfreulicher Anblick
  sein 163
keine Sorge! 67
keine Ursache 168
keine zehn Pferde kön-
  nen jdn davon abhalten,
  etwas zu tun 146
kein Sterbenswörtchen
  sagen 119
kein Wort über etwas
  verlieren 119
kein Wunder, (dass) 96
Kinder in die Welt
  setzen 154
klar Schiff machen 142
Kleider machen
  Leute 19
klein beigeben 184
klipp und klar 114
knapp bei Kasse sein 64
knapp daneben ist auch
  daneben 247

knapp daneben ist auch
  vorbei 247
kommt Zeit, kommt
  Rat 104
Kopf an Kopf 261
Köpfchen haben 131
Kopf hoch! 67
Krokodilstränen
  weinen 203
kurz angebunden
  sein 115
kurzen Prozess
  machen 143
kurz und
  schmerzlos 104

L
lange Rede, kurzer
  Sinn 60
langsam, aber
  sicher 263
(längst) über alle Berge
  sein 262
last, but not least 126
Leben in die Bude
  bringen 161
leicht gesagt sein 110
Liebe machen 214
Löcher in den Bauch
  fragen 66
los geht's! 72
Luftschlösser
  bauen 180
lügen, dass sich die
  Balken biegen 271
lügen wie gedruckt 271

M

mach dir keine Sorgen! 67
mach dir nichts draus! 68
mach's gut! 227
man soll den Tag nicht vor dem Abend loben 242
mehr aus sich machen 31
mehrere Eisen im Feuer haben 180
mehr Glück als Verstand haben 239
meine Rede! 96
mir kommen die Tränen! 199
Mist bauen 247
mit Ach und Krach 110
mit allen Wassern gewaschen sein 132
mit beiden Beinen (fest) im Leben stehen 143
mit (dem) Feuer spielen 15
mit dem Kopf durch die Wand wollen 178
mit dem linken Fuß (zuerst) aufstehen 86
mit der Tür ins Haus fallen 115
mit einem blauen Auge davonkommen 239
mit etwas fertigwerden 191
mit jdm ein Hühnchen zu rupfen haben 85
mit jdm fertigwerden 186
mit jdm im Clinch liegen 210
mit jdm ist nicht gut Kirschen essen 210
mit jdm Pferde stehlen können 206
mit jdm quitt sein 257
mit jdm unter einer Decke stecken 203
mit jedem in die Kiste springen 214
mit links 108
mit seinem Latein am Ende sein 194
mit vereinten Kräften 130
mit von der Partie sein 123
Mord und Totschlag 210
Morgenstund hat Gold im Mund 103
Muffensausen haben 150

N

nach hinten losgehen 247
nach jds Pfeife tanzen 186
nach Lust und Laune 143
nach Strich und Faden 43
nach und nach 264
Nägel mit Köpfen machen 181
nahe am Wasser gebaut haben 164
nicht alle Tassen im Schrank haben 133
(nicht) auf dem Damm sein 224
nicht auf den Kopf gefallen sein 132
nicht aus Holz sein 69
nicht bis drei zählen können 135
nicht der Rede wert sein 168
nicht die Welt kosten 62
nicht die Welt sein 45
nicht ganz bei Trost sein 134
nicht ganz Unrecht haben 96
nicht in Frage kommen 196
nicht in jds Haut stecken wollen 164
nicht lockerlassen 229
nicht mehr richtig ticken 134
nicht mit rechten Dingen zugehen 203
nichts anbrennen lassen 47
nichts für ungut 85
nichts zu danken 168
nicht wissen, wo einem der Kopf steht 39
niemandem ein Haar krümmen (können) 25
nobel / vornehm geht die Welt zugrunde 94
(noch) grün hinter den Ohren sein 155
noch ist nicht aller Tage Abend 74

Not leiden 164
null / keinen Bock
 (haben) 149
nur Bahnhof
 verstehen 59
nur / gerade einmal
 etwas für den hohlen
 Zahn sein 51
(nur immer) ruhig
 Blut! 39
nur Mut! 153
nur (noch) ein Strich in
 der Landschaft 20

O

Oberwasser
 bekommen 191
offen gesagt 269
ohne Fleiß kein
 Preis 252
ohne Wenn und
 Aber 66
Öl ins Feuer gießen 188
out sein 49

P

papperlapapp! 99
par excellence 31
Pech gehabt! 242
Pfui Teufel! 149
Pi mal Daumen 41
Pleite machen,
 pleitegehen 63
pleite sein 63
Probieren geht über
 Studieren 13

R

Reden ist Silber,
 Schweigen ist Gold 119
reinen Tisch
 machen 191
rotsehen 82
Rotz und Wasser
 heulen 164
ruck, zuck 267
rund um die Uhr 105

S

sang- und klanglos 128
schieß los! 72
Schlagzeilen
 machen 126
Schlange stehen 90
schlicht und
 ergreifend 108
Schluss mit lustig
 (sein) 75
schnuppe sein 147
schnurzpiepegal
 sein 147
(schon) die halbe Miete
 sein 126
Schritt halten mit
 jdm 267
Schwamm drüber! 173
schwarz auf weiß 218
Schwein haben 240
schwer von Begriff
 sein 135
sein Amt niederlegen 75
sein blaues Wunder
 erleben 236
sein Dasein fristen 94
sein eigenes Wort nicht
 verstehen können 56
seinem Herzen einen
 Stoß geben 15
seine Nase in fremde
 Angelegenheiten
 stecken 178
seinen eigenen Kopf
 haben 178
seinen Kopf
 hinhalten 215
seinen Senf
 dazugeben 115
sein Wesen treiben 143
sein Wort brechen 258
sein Wort halten 258
seit geraumer Zeit 105
selber Schuld! 248
sich am Riemen
 reißen 36
sich an etwas die Zähne
 ausbeißen 110
sich auf dem Holzweg
 befinden 245
sich auf die Socken /
 Beine machen 120
sich auf seinen Lorbee-
 ren ausruhen 232
sich aufs Ohr hauen /
 legen 79
sich aus dem Staub
 machen 121
sich aus der Affäre
 ziehen 192
sich den Bauch
 vollschlagen 51
sich den Kopf (über
 etwas) zerbrechen 169
sich den Luxus erlauben,
 etwas zu tun 161

sich den Mund fusselig
  reden 189
sich die Ärmel
  hochkrempeln 253
sich die Beine in
  den Bauch stehen 90
sich die Beine in den
  Leib stehen 90
sich die Füße / Beine
  vertreten 121
sich die Mühe machen,
  etwas zu tun 253
sich die Nacht um die
  Ohren schlagen 79
sich ein Beispiel an jdm /
  etwas nehmen 32
sich ein Eigentor
  schießen 248
sich einen Kopf
  machen 194
sich einen Namen
  machen 32
sich ein Herz fassen 153
sich etwas aus dem Kopf
  schlagen (müssen) 172
sich etwas hinter die
  Ohren schreiben 172
sich etwas in den Kopf
  setzen 181
sich etwas nicht durch
  die Lappen gehen
  lassen 127
sich etwas (noch einmal)
  durch den Kopf gehen
  lassen 170
sich etwas zu Herzen
  nehmen 127
sich gehen lassen 20
sich Gehör
  verschaffen 56
sich gewaschen
  haben 110
sich grün und blau
  ärgern 83
sich grün und gelb
  ärgern 83
sich Hoffnungen
  machen 208
sich im Sande
  verlaufen 76
sich im Ton
  vergreifen 115
sich in Acht nehmen 17
sich in den Arsch /
  Hintern beißen 248
sich in die Haare
  kriegen 210
sich in die Höhle des
  Löwen wagen 153
sich in die Länge
  ziehen 105
sich in Luft
  auflösen 121
sich ins eigene Fleisch
  schneiden 248
sich ins Fäustchen
  lachen 199
sich keine Umstände
  machen 167
sich machen 32
sich mit Händen und
  Füßen gegen etwas
  wehren 196
sich nicht mehr einkrie-
  gen vor Freude 161
sich nicht so
  anstellen 68
sich nicht so haben 68
sich rarmachen 261
sich schwarzärgern 83
sich (tüchtig / mächtig)
  ins Zeug legen 253
sich verdrücken 121
sich vom Acker
  machen 122
sich von jdm eine
  Scheibe abschneiden
  können 32
sich (vor Lachen)
  ausschütten 199
sich wie im siebten
  Himmel fühlen 207
sich zulaufen lassen 54
sich zu Wort
  melden 116
sie noch alle (beisam-
  men) haben 134
so lala 161
so sicher wie das Amen
  in der Kirche 219
stante pede 100
sternhagelvoll / sternha-
  gelblau sein 54
still und leise 141

T

Tag für Tag 107
teils, teils 147
tief in die Tasche / in
  den Beutel / in die Kasse greifen müssen 63
(tief) in jds Schuld
  stehen 168
toi, toi, toi! 240
Torschlusspanik haben /
  bekommen 152

tote Hose 36
Tränen lachen 199
Trost spenden 69
Trübsal blasen 164

U
über den Berg sein 225
über etwas schlafen 170
über Leichen gehen 29
über seinen eigenen Schatten springen 153
über Stock und Stein 122
um den Dreh (herum) 41
um den heißen Brei (herum)reden 116
um ein Haar breit / um Haaresbreite 45
um jeden Preis 15
und ab geht die Post! 72
und ein paar Zerquetschte 46
... und wenn sie nicht gestorben sind, dann leben sie noch heute 76
unter aller Kanone 49
unter aller Kritik 49
unter aller Sau 49
unter Dach und Fach (sein / bringen) 76
unter Dampf stehen 40
unter einen Hut bringen 130
unters Messer kommen / müssen 225
unter vier Augen (sprechen) 116

V
verflixt (und zugenäht!) 83
Vertrauen ist gut, Kontrolle ist besser 183
viel Holz vor der Hütte haben 20
(viel) Staub aufwirbeln 37
viel um die Ohren haben 40
Vitamin B haben 186
(voll) auf seine Kosten kommen 158
volle Kanne 43
vom anderen Ufer sein 214
vom Fleck weg 100
von A bis Z 47
von allen guten Geistern verlassen sein 134
von früh bis spät 105
von Haus(e) aus 178
von Kindesbeinen an 155
von Kopf bis Fuß 47
von Luft und Liebe leben 255
von morgens bis abends 105
von nichts kommt nichts 252
von seinem hohen Ross herunterkommen / -steigen 189
von vorne bis hinten 47
von wegen! 99
von Zeit zu Zeit 107
vor die Hunde gehen 165
vor Neid erblassen 29
(vor Wut) an die Decke gehen 80

W
warten können, bis man schwarz wird 91
wart's ab! 90
warum ist die Banane krumm? 60
was du heute kannst besorgen, das verschiebe nicht auf morgen 252
was gibt's? 226
was sich liebt, das neckt sich 208
was zu spät ist, ist zu spät! 248
weder Kosten noch Mühen scheuen um zu ... 253
weg vom Fenster sein 122
weiß der Teufel 222
weit und breit 262
wenn es weiter nichts ist 148
wenn zwei sich streiten, freut sich der Dritte 211
wer A sagt, muss auch B sagen 229

wer nicht hören will,
  muss fühlen 12
wer weiß? 222
wer zuletzt lacht, lacht
  am besten 174
Widerstand (gegen
  etwas) leisten 196
wie am Schnürchen
  laufen / klappen 244
(wie) auf glühenden
  Kohlen sitzen 38
wie aus der Pistole
  geschossen 267
wie bitte? 234
(wieder) auf die Beine
  kommen 223
wie der Vater, so der
  Sohn 138
(wieder) zu Kräften
  kommen 223
wie (die) Sau 44
wie ein Blitz aus heite-
  rem Himmel 236
wie ein Wasserfall
  reden 116
wie geht's, wie
  steht's? 226
wie Gott in
  Frankreich 94
wie heißt das
  Zauberwort? 167
wie Hund und
  Katz(e) 211
wie Pech und Schwefel
  zusammenhalten 206
wie Sand am Meer 44
wild auf etwas sein 146
Wind von etwas
  bekommen 220
wirklich und
  wahrhaftig 270
wissen, wo der Hase
  langläuft 219
wo die Liebe
  hinfällt 208
wo ein Wille ist, ist auch
  ein Weg 254
wohl oder übel 197

Z

zack, zack! 131
zu allem Ja und Amen
  sagen 197
zu kurz kommen 184
zum Glück 240
zum Schießen sein 200
zum Teufel (noch
  mal) 149
zum Wohl(e)! 54
zu tief ins Glas geguckt /
  geschaut haben 54
zwei Fliegen mit einer
  Klappe schlagen 244
zwei linke Hände
  haben 34